AF175072

ESCUCHA A TUS ÁNGELES *con el* CORAZÓN

ANGÉLICA
BOVINO

ESCUCHA
A TUS ÁNGELES
········ *con el* ········
CORAZÓN

LOS ÁNGELES NOS ACOMPAÑAN Y, SI PONES ATENCIÓN,
PODRÁS SENTIR QUE CADA DÍA NOS BRINDAN
NUEVOS REGALOS.

KEPLER

Argentina – Chile – Colombia – España
Estados Unidos – México – Perú – Uruguay

1.ª edición: enero 2025

ISBN: 978-84-19656-00-1
E-ISBN: 978-84-10365-93-3
Depósito legal: M-23.988-2024

Fotocomposición: Urano World Spain, S.A.U.

Impreso por: Rodesa, S.A. – Polígono Industrial San Miguel – Parcelas E7-E8
31132 Villatuerta (Navarra)

Impreso en España – *Printed in Spain*

Para Ana Sofía y Emilio,
mi mayor bendición,
mis ángeles terrenales,
mis grandes maestros,
mi fuente de amor incondicional.

¡Gracias, gracias, gracias!

Gracias, Dios, por haberme permitido descender en este tiempo y ser parte de este cambio maravilloso que estamos viviendo como humanidad. Gracias, Dios, porque eres quien me sostiene, me inspira y me guía. Gracias por estar en cada instante y cada faceta de mi vida, por ser mi SOCIO, por llenar mi corazón de amor cada mañana y por haberme elegido para seguir este camino (aunque sigo sin entender el porqué). Gracias, Dios, porque las más hermosas manifestaciones y lecciones de amor las he recibido de ti.

Gracias, angelitos, que me lleváis de la mano, me impulsáis a cada momento, me ayudáis a vencer el miedo, me ponéis nuevos retos y me seguís ayudando a crecer. Gracias por vuestra eterna paciencia, por ser mis compañeros incansables y por llenarme de amor y energía a cada momento. Gracias por ser mis grandes maestros, día tras día.

Gracias a mis padres, mis primeros maestros terrenales, por enseñarme las primeras lecciones de amor. Gracias, mamá, por enseñarme a través de tu ejemplo a no desistir, a perseverar, a creer en mí misma y a ser independiente. Gracias, papá, por enseñarme, a través de tu ejemplo, a ser libre, a ser creativa y, con esto, darme permiso para ser y pensar de forma diferente. Os amo.

Gracias, Luchis, por ser mi estímulo. Porque, gracias a lo vivido, un día dirigí los ojos al cielo y pedí a Dios que me ayudara a ser un ser humano mejor. Gracias por ser mi gran maestra y porque hoy sé que todo lo sucedido ha sido parte de nuestro contrato de vida. Te amo, hermana.

Gracias, Adri, por ser, por estar siempre ahí para mí; por creer en mí, incluso cuando otros no creían. También gracias por tu apoyo para la publicación de este libro. Te amo.

Gracias a mis maravillosos hijos, por su paciencia y porque me han apoyado para continuar con mi misión, aunque eso significara ausentarme un poco. Sé que ser vuestra madre también forma parte de esta hermosa misión que Dios me ha encomendado, y espero estar haciéndolo bien. Os amo con todo mi corazón.

Gracias, Deborah Meza, por enseñarme a creer en mí y ayudarme a crecer como persona.

Gracias a mis maestros literarios: Fritz Perls, Carl Rogers, Chandra Mohan Jain (Osho), Judith Darlene Hampton (Ramtha), Eva Pierrakos, Miguel Ruiz, Jorge Bucay, Deepak Chopra, Paulo Coelho, Wayne Dyer, Marianne Williamson y Louise Hay, entre muchos otros que, a través de sus letras, dejaron huella en mis ideas, creencias y conceptos. Y a mis grandes maestros físicos: Myriam Muñoz, Doreen Virtue, Krishnananda y Amana, entre muchos otros, por su dedicación, tiempo y esfuerzo con esta intensa alumna, y por haber sido testigos de mi crecimiento espiritual.

Gracias a cada uno de mis pacientes y alumnos, porque de vosotros, con la ayuda de mis ángeles, he aprendido la mayor parte de lo que sé.

Gracias a la gran familia angelical que hemos creado: Pedro, Gina, Idalia, Samarita, Kary, Paola y todos y cada uno de mis angeloterapeutas. Gracias por haber confiado en mí y por seguir confiando; gracias por escucharme y por permitirme el honor de enseñaros lo que sé.

Un especial agradecimiento a Humberto Brera, a Miguel Ángel Díez y a Susana Zúñiga, tres ángeles terrenales que Dios puso en mi camino para la publicación de este libro. Gracias por creer en este proyecto e impulsarme a llevarlo a cabo. Y gracias a Larisa Curiel, por creer en mí y llevarme un paso más adelante.

Pero sobre todo, gracias a ti, porque este libro no tendría sentido si tú no lo tuvieras en tus manos en este momento. Gracias por abrir tu corazón y dejarte impregnar por sus palabras.

ÍNDICE

INTRODUCCIÓN............................. 15

PARTE I. Escucha a tus ángeles................. 21

CAPÍTULO I. ¿Quiénes son los ángeles?................ 23

CAPÍTULO II. Tomando conciencia de nuestro cuerpo
energético y elevando la frecuencia vibratoria............... 41

CAPÍTULO III. Recordando quiénes somos.............. 73

CAPÍTULO IV. Invocando a los ángeles................. 89

CAPÍTULO V. Los ángeles y el despertar de conciencia 107

PARTE II. Mensajes de los ángeles............... 111

PARTE III. Nuevos mensajes de los ángeles 161

INTRODUCCIÓN

Me siento hoy a escribir estas páginas abriéndome a mis ángeles, especialmente al arcángel Gabriel, para que sean ellos, los ángeles, quienes escriban por mí; quienes pongan las palabras exactas en mi mente y la energía en mis dedos para teclear sus ideas. Me abro no solo a la creatividad de mis ángeles, sino también a recibir su bella energía y su guía divina, y al amor incondicional que ellos tienen para mí y para cada ser humano.

Espero, querido lector, que, a través de estas páginas, también tú logres abrirte y puedas sentir la magnificencia de esta energía, que comprendas que nuestra realidad es mucho más extensa de lo que imaginamos y que, definitivamente, no estamos solos. Existen a nuestro alrededor una multitud de ángeles que continuamente nos observan, nos cuidan, nos protegen, nos aman y nos aceptan incondicionalmente y, si así lo deseamos, también nos guían en nuestra vida diaria.

Te pido que leas estas páginas con el corazón, ya que los mensajes de los ángeles se sienten, no se razonan; se viven, no se analizan; se graban en nuestra memoria energética y emocional, no en la psique.

¿Qué vas a encontrar en estas páginas? He tratado de plasmar en ellas una pequeña recopilación de lo que he aprendido a lo largo de los años que llevo recorriendo el camino de la mano de los ángeles. No pretendo descubrir el hilo negro, pero sí aspiro a compartir contigo mi experiencia en esta maravillosa senda. Esperando, desde lo más profundo de mi corazón, que después de leer estas líneas tomes de la mano a tus ángeles y, al igual que yo, emprendas un nuevo camino en su compañía y te abras a su presencia constante, a su aceptación, a su ayuda, pero sobre todo al amor incondicional que tienen para ti.

Querido lector, tienes que tener presente que tus ángeles siempre están a tu lado y siempre acudirán en tu ayuda cuando los llames, independientemente de que tú te percates o no de su presencia. La intención de este libro es enseñarte a sentirlos, a verlos, a escucharlos y a seguir su divina guía.

MI HISTORIA CON LOS ÁNGELES

Conozco a los ángeles desde que era niña. La canción de cuna con la que me arrullaban de bebé hablaba de un ángel. Crecí en el seno de una familia católica y, de hecho, la oración del ángel de la guarda fue una de las primeras que aprendí, y hasta la fecha la sigo rezando con mis hijos. Desde niña también fui muy intuitiva; sabía cosas en el momento en que sucedían, aunque no estuviera presente; me comunicaba telepáticamente con mi madre, y sé, aunque no lo tengo en un plano muy consciente, que mi relación con los ángeles en mi primera infancia fue muy intensa.

Al igual que tú, querido lector, crecí en una sociedad en la que lo intangible no tiene valor, en la que las cosas que no se ven, no existen. Por lo que, al ir creciendo, fui perdiendo esas habilidades tan maravillosas que me fueron concedidas desde antes de nacer.

A principio de la década de los noventa, me dedicaba por entero a la publicidad y mi vida se podía definir con una sola palabra: estresante. Trabajaba contrarreloj, con fechas límite para cada proyecto, con la presión de cada uno de mis clientes y de mis jefes. Me gustaba mi trabajo, aunque en el fondo de mi corazón entendía que ese no era el sentido que quería darle a mi vida.

En esas fechas, una compañera de la oficina me habló de los ángeles desde una nueva perspectiva. Me invitó a hacer un curso al que ella asistía y accedí más por curiosidad que por convicción, y, he de confesar, con una actitud un poco escéptica.

Llegué al curso y, a medida que este avanzaba, mi sensación fue que, más que escuchar algo nuevo, estaba recordando. ¡Estaba recuperando una información que ya existía en mi cabeza, en mi corazón, en mi alma! Un momento inolvidable para mí fue cuando pidieron que cerráramos los ojos para meditar. Como era la primera vez que lo hacía, estaba nerviosa. La persona que guiaba la meditación hablaba en un tono muy agudo y en un volumen muy bajo, y me empecé a desesperar, a frustrar y a enfadar porque no podía escuchar las indicaciones, pues desde niña tengo un problema de audición con los tonos agudos y en ese momento no contaba con un aparato auditivo. De pronto, muy cerca de mi oído derecho, una voz masculina me habló de forma clara y fuerte: «Para encontrar a tus ángeles, no necesitas escuchar con tus oídos... ¡Escucha con tu corazón!». Cuando abrí los ojos para ver quién me había dicho eso, no vi a nadie, y entendí de inmediato que esas palabras las había pronunciado mi ángel. A partir de ese momento, pude seguir sin problemas la visualización y mi conexión con los ángeles fue inmediata, intensa y maravillosa.

Esta apertura tan inesperada, si bien en el momento resultó bellísima, después, al razonarla, me hizo sentir mucho miedo, por lo que no regresé al curso. Sin embargo, me quedé con los materiales y los libros, que fui leyendo poco a poco y a mi ritmo. Hice los ejercicios que recomendaban y en poco tiempo contacté con mis ángeles. Cuando pienso en esa época de mi vida, la palabra que viene a mi mente es «sed». Tenía sed de conocer a mis ángeles, sed de saber más de ellos, sed de abrirme a esa nueva realidad. Continué leyendo y empapándome de información sobre los ángeles, meditaba todos los días y comencé a recibir mensajes en forma de escritura automática.

Dos años después me quedé embarazada y nació mi primera hija. Yo era muy consciente de la presencia de los ángeles en mi vida, pero mi energía y mi atención estaban puestas en mi nuevo rol de madre. Tuve a mi segundo hijo, y no fue hasta que cumplió tres años que los ángeles se empezaron a manifestar con intensidad en mi vida de nuevo: me hablaban a través de mis hijos, me hacían sentir cuando estaban presentes, me daban mensajes a través de los sueños y me tomaban de la mano mientras hacía mis caminatas por la mañana (yo sentía literalmente la energía de los ángeles en las manos). Mi relación con ellos se fue intensificando y, una vez más, sentí la necesidad de meditar, de leer, de recibir sus mensajes y de escribir.

Justo en esos momentos, yo me encontraba a disgusto en mi trabajo, deseosa de hacer un cambio de vida, por lo que les pedí a mis ángeles que fueran ellos quienes me guiaran en ese cambio. ¡Nunca imaginé el giro que daría mi vida! En menos de tres meses me encontré desempleada y, como por arte de magia, amigos y conocidos me pedían que les enseñara a meditar y a visualizar. Dos meses más tarde, me encontraba en California asistiendo al curso que impartía la doctora Doreen Virtue para obtener el certificado de Angel Therapy Practitioner®.

Mi misión estaba clara y las puertas para llevarla a cabo se empezaron a abrir. Hoy doy sesiones de angeloterapia, realizo sanaciones con los arcángeles, canalizo ángeles, imparto cursos para enseñar a otros a abrirse a sus ángeles y he escrito mi primer libro.

Los ángeles operan en mi vida milagrosamente y cada día hay un nuevo regalo; algunas veces es tan pequeño como una mariposa que se posa sobre mí o un mensaje que llega a través de mis hijos; otras veces es tan grande como un inesperado cambio de vida. Así son los ángeles y así me llevan de la mano y llenan mi vida de significado, haciéndola cada vez más bella, intensa, plena y feliz.

PARTE I

ESCUCHA A TUS ÁNGELES

CAPÍTULO I

¿QUIÉNES SON LOS ÁNGELES?

La palabra «ángel» significa 'mensajero'. Los ángeles son mensajeros de Dios y han existido desde el inicio de los tiempos para recordarnos que Dios nos ama incondicionalmente, para ayudarnos a volver los ojos hacia Él y retornar a nuestros orígenes, los del alma.

El mensaje que nos traen los ángeles es un mensaje de amor, y a veces pareciera que ellos son el mensaje, porque vibran en la frecuencia del amor incondicional y vuelcan este sentimiento sobre nosotros; vienen a recordarnos que también podemos y debemos vivir en esta frecuencia. Los ángeles vienen a ayudarnos a recobrar nuestra paz interior, nuestra inocencia, nuestro niño interior; a traer luz a nuestra existencia, a iluminar los rincones que están oscuros en nuestro corazón y a ayudarnos a arreglar y a sanar lo que está mal en nuestras vidas.

Nuestros mensajeros celestiales tienen muchas funciones: amarnos, confortarnos, acompañarnos, protegernos, guiarnos, etcétera. Sin embargo, una de sus funciones más importantes es la de recordarnos a qué vinimos a este mundo, tiempo y espacio.

Cuando decidimos regresar a la Tierra y volver a encarnarnos, lo hicimos con dos objetivos básicos: el primero tiene que ver con lo que hemos venido a aprender; el segundo, con lo que hemos venido a enseñar o a compartir con otros en este plano de existencia. En la mayoría de las ocasiones, estas dos premisas van unidas entre sí, de tal manera que, ahí donde está el dolor, están el aprendizaje y la misión de vida.

Los ángeles nos ayudan a capitalizar entonces nuestros aprendizajes, a hacerlos conscientes y a recordar nuestra misión de vida, abriéndonos los caminos para llevarla a cabo. Nos guían para que nuestra alma siga creciendo y evolucionando, para que sigamos perfeccionándonos.

Los ángeles vienen a recordarnos que Dios existe, que está en todas partes, en cada partícula del universo y en cada ser humano. No buscan ser adorados, sino interactuar con nosotros para enseñarnos a adorar a Dios con todo nuestro ser.

En una visualización tuve la imagen de Dios como la fuente, como un gran fuego en el centro del cual se desprendían partículas idénticas a Él, pero más pequeñas, cuya función era venir hacia nosotros y ayudarnos a descubrir que en nuestro interior yace también una partícula semejante. Entonces fue cuando entendí que la misión principal de los ángeles es hacer que comprendamos que somos parte de esa fuente que es Dios y ayudarnos a redescubrir nuestra propia naturaleza divina.

¿CÓMO SON LOS ÁNGELES?

Los ángeles no tienen una forma definida. Se cree que la forma humana que les damos es solo una proyección que nos permite identificarlos. Son seres de luz, lo que quiere decir que no tienen un cuerpo físico; son básicamente energía.

Pueden presentarse ante nosotros como luces multicolores, una luz blanca muy tenue, chispas de luz, sombras, figuras etéreas, etcétera.

En algunas ocasiones, cuando la situación así lo precisa, pueden materializarse tomando diferentes formas. Personalmente veo a los ángeles como figuras traslúcidas, no siempre definidas.

No existe una forma precisa de ver a un ángel, pues ellos se presentarán de la forma más aceptable para cada ser humano. Esto es, nunca se nos manifestarán de una manera que nos genere miedo o desconcierto; nos irán encaminando poco a poco, permitiéndonos ver solo aquello que nos permita saber que están presentes: una luz, una sombra, un ala, posiblemente una pluma…

A los ángeles no se los ve; se los siente. Una vez que nos abrimos a recibir la energía amorosa de un ángel, podremos tener la certeza de que siempre lo tendremos cerca.

¿CÓMO INTERACTÚAN CON NOSOTROS?

Los ángeles pueden interactuar con nosotros en dos situaciones: cuando solicitamos expresamente su presencia o ayuda y cuando estamos en una situación de grave peligro.

Cuando nos abrimos a recibir a los ángeles en nuestra vida, debemos hacerlo con el corazón, con el alma, no con nuestro cuerpo físico o con la mente, ya que ellos interactúan con nuestro espíritu, con nuestro ser superior.

Al ser los ángeles seres de luz, interactúan directamente con nuestro ser energético, es decir, con nuestra propia energía; es por eso que, la mayoría de las veces, cuando percibimos la energía de un ángel nos sentimos en paz, radiantes y felices.

La presencia de los ángeles es muy sutil, por lo que es necesario callar a la mente y escuchar al corazón para poder sentirlos.

Los mensajes de los ángeles no se deben entender, sino escuchar; no se deben racionalizar, sino sentir. No se deben juzgar, sino agradecer.

EJERCICIO
· · · · · · · · · · · · ·

UN PRIMER ENCUENTRO CON TU ÁNGEL

Busca un lugar donde puedas estar en paz y en completa quietud; adopta una posición que te resulte cómoda y cierra tus ojos.

1. Haz una respiración profunda y concéntrate en tu ritmo respiratorio, haciéndolo cada vez más lento y de manera más consciente.

2. Vuelve a inhalar profundamente y, esta vez, centra la atención en el peso de tu cuerpo. Empieza por sentir cuán pesada es tu cabeza y la fuerza que ejerce sobre tu cuello, así como el peso de tus hombros y de tus brazos. Hazte consciente de tu posición, dónde recae el peso de cada una de las partes de tu cuerpo, sobre qué está ejerciendo presión. Con tu mente, haz un recorrido por todo tu cuerpo; si te es más fácil, imagina cómo se va pintando de algún color.

3. Sigue respirando despacio, profundamente, y visualiza cómo empiezan a crecer raíces de tus pies… ¿Cómo son estas raíces? ¿Son frágiles o fuertes? ¿De qué color son? ¿Son delgadas o anchas? Al ritmo de tu respiración observa cómo crecen,

atravesando el suelo, la tierra... Sigue respirando y sigue viendo el crecimiento de tus raíces hasta llegar al centro de la Tierra.

4. Nota cómo, con cada respiración, atraes energía desde el centro de la Tierra y la llevas hasta tus pies; cómo cada inhalación permite que esta energía suba por tus piernas, tus caderas, tus glúteos, tu espalda, tu torso, tu cuello y tu cabeza. Todo tu cuerpo está conectado con la Tierra. Estás arraigado, eres uno con ella.

5. Viaja con tu mente a un lugar hermoso, el que tú elijas. Observa con detenimiento el suelo que estás pisando; visualiza el entorno, qué elementos lo conforman. Y vuelve tu mirada hacia arriba para que puedas ver el cielo.

6. Observa en el horizonte una esfera de luz que viene hacia ti. Conforme se va acercando, va cambiando de forma y se va convirtiendo en un ángel; obsérvalo mientras llega y permítele que se detenga frente a ti. ¿Cómo es? ¿Cuáles son sus características físicas? ¿Cómo está vestido? ¿Cómo es su rostro? ¿Puedes ver su cabello o sus alas? ¿Qué más te muestra tu ángel?

7. Coloca las palmas de tus manos hacia arriba y siente la energía de tu ángel; verifica cuáles son tus sensaciones internas al estar en su presencia. Pide a tu ángel que te abrace con sus alas y permítete sentir su contención.

8. Escucha a tu ángel, pídele que te dé un mensaje y abre tu mente, tu corazón y tus oídos para recibirlo.

9. Toma conciencia de todos aquellos pensamientos que pasan por tu mente mientras estás en contacto con tu ángel.

10. Si algo tienes que decir o pedir a tu ángel, hazlo en este momento.

11. Agradece a tu ángel su amorosa presencia. Llegó la hora de despedirte y permitir que tu ángel se retire. Observa cómo se empieza a alejar, convirtiéndose nuevamente en una esfera de luz que se pierde en el horizonte.

12. Observa una vez más el entorno en el que te encuentras. ¿Cómo cambió a partir de la visita de tu ángel? Obsérvate a ti mismo. ¿Cómo te sientes en este momento? ¿Qué sensaciones tienes y qué pensamientos te acompañan?

13. Poco a poco regresa a tu cuerpo, al lugar donde te encuentras físicamente. Hazte consciente de tu respiración y de tu cuerpo, y empieza a mover lentamente tus manos y tus pies; respira profundamente y, cuando estés listo, abre los ojos.

JERARQUÍAS ANGELICALES

En el siglo VI, un hombre llamado Dionisio Areopagita escribió cuatro tratados de corte espiritual, entre los cuales se encuentra *Sobre la jerarquía celestial*. Dicho documento muestra los diferentes tipos de ángeles existentes y la forma en que se organizan y distribuyen las tareas celestiales.

Según Dionisio, los ángeles se dividen en tres grandes tríadas, siendo la primera la que está más cerca de Dios y la última la más cercana a la humanidad. Cada una de estas tríadas, a su vez, se subdivide en tres categorías:

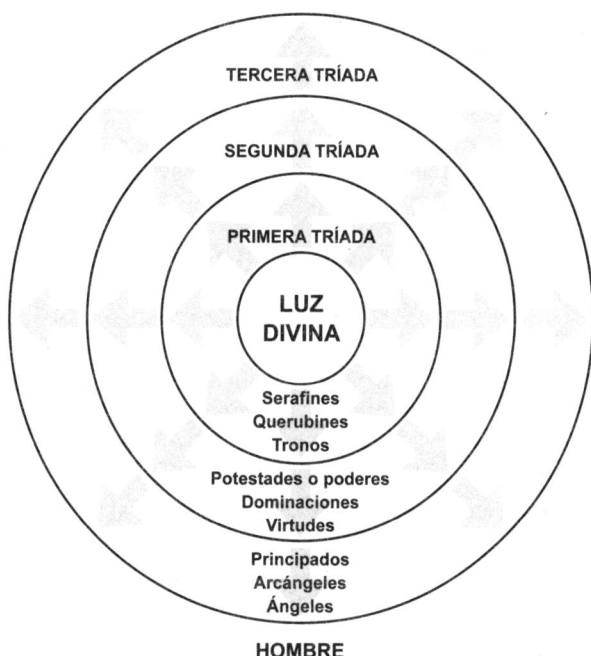

En términos generales, los ángeles tienen la función de irradiar la luz de Dios hacia afuera, acercándola a la humanidad.

Las funciones de cada orden angelical son las siguientes:

PRIMERA TRÍADA

SERAFINES

Se dice que son la vibración primaria del amor. Ellos toman los pensamientos de Dios y los retransmiten para que puedan ser modulados y concretizados. Nos ayudan a estar en un contacto más íntimo con Dios y a tener un mayor crecimiento espiritual. Nos inundan de amor divino.

QUERUBINES

Relacionados con el conocimiento y la sabiduría. Se dice que son ángeles de segunda generación y que antes fueron dragones. Se los convoca para obtener un mayor entendimiento espiritual y entrar en contacto con nuestra sabiduría interior.

TRONOS

Son los ángeles que condensan las ideas de Dios, es decir, materializan los pensamientos divinos. Se los convoca para obtener paciencia, perseverancia, fuerza interna, poder de convicción. También ayudan a hablar correctamente.

SEGUNDA TRÍADA

DOMINACIONES

Regulan las actividades de los ángeles, integran el mundo material y espiritual. Funcionan como canales de misericordia. Se dice que son los ángeles más hermosos y que, si llegáramos a verlos, quedaríamos profundamente enamorados de ellos.

VIRTUDES

Operan los milagros de Dios. Inyectan una gran cantidad de energía divina para ayudar y proteger a los que lo necesitan, infundiéndoles fuerza y coraje. Se dice que son los ángeles de los héroes.

POTESTADES

Tienen aspecto de caballeros de la Edad Media. Luchan contra el mal. Trabajan con las profundidades del alma, integran las áreas oscuras, ayudan a mantener el equilibrio y a encontrar la paz interior.

TERCERA TRÍADA

PRINCIPADOS

Son los ángeles guardianes de todos los grandes grupos, como ciudades, naciones, religiones, etcétera. Trabajan directamente con el karma de cada nación, ayudando a través de las acciones de los ciudadanos a sanarlo y apresurando así la evolución de cada grupo.

ARCÁNGELES

Son seres superlumínicos que se ocupan de las zonas más amplias del quehacer humano. Se los considera los intermediarios más importantes entre Dios y el hombre. Todos los arcángeles tienen el rango de príncipes y todos llevan corona.

ÁNGELES

Es la última orden de la jerarquía celestial y la más cercana al hombre. Ellos son la clase trabajadora, los vigías, los ángeles guardianes de los humanos y de los animales. Están cerca de nosotros, dispuestos a ayudarnos en todas y cada una de nuestras actividades.

Cuanto más estudio y me acerco a los ángeles y a los arcángeles, más dudas me surgen sobre esta forma de organización y jerarquía angelical expresada por Dionisio. Por ejemplo, encuentro que el arcángel Chamuel, también llamado Camael, acompañó a Jesús en el huerto de Getsemaní. En algunos textos simplemente aparece su nombre, mientras que en otros aseguran que fue una potestad. Otro ejemplo que me hace problematizar la jerarquía de Dionisio es que el arcángel Miguel está mencionado en la Biblia y en algunos textos como «el que está a la derecha de Dios Padre y el ángel más cercano al trono de Dios», mientras que son los serafines los que, según Dionisio, están más próximos, y los arcángeles son el penúltimo nivel en la jerarquía.

En meditación, he preguntado al arcángel Miguel sobre este tema, a lo que me ha contestado que debo de entender que TODOS SON UNO y que la forma en que los ángeles se organizan para estar al servicio de la humanidad es tan sencilla que nosotros, los humanos, difícilmente la entenderíamos.

¿QUIÉNES SON LOS ARCÁNGELES?

Los arcángeles son seres grandes, poderosos, fuertes, pero también cariñosos, con un gran sentido del humor. Ayudan a quien lo solicite y no tienen restricciones de tiempo ni de espacio, lo que les permite estar con muchas personas en un mismo momento. Cualquier persona que llame a un arcángel obtiene una respuesta.

Los arcángeles están aquí y ahora entre nosotros para ayudarnos al despertar de la conciencia. Algunas de sus funciones son protegernos, guiarnos, curarnos, sanarnos, confortarnos, ayudarnos en nuestras relaciones, recordarnos nuestra misión, hacernos saber que somos profundamente amados, permitirnos reencontrar el camino hacia Dios y lograr la plenitud.

Dependiendo de la religión, se reconocen cuatro, siete o quince arcángeles, aunque ellos mismos han expresado, a través de canalizaciones, que son muchos más los que nos acompañan.

Cada arcángel tiene funciones definidas para ayudarnos en diversas facetas de nuestra vida. A continuación se enlistan los quince arcángeles y sus funciones más importantes:

Arcángel Ariel. Su nombre significa «león de Dios». Él nos ayuda en todo lo relacionado con el ecosistema y la ecología, sanando animales, plantas y al medio ambiente. También nos ayuda a generar y recibir abundancia y prosperidad. Su energía es de color rosa pálido, por lo que se lo relaciona con la frecuencia del amor.

Arcángel Azrael. Su nombre significa «a quien Dios ayuda». Sana penas profundas y reconforta el alma de aquellos que se encuentran en el lecho de muerte. Ayuda a las almas a encontrar la luz, una vez abandonado el cuerpo físico. Nos ayuda en los procesos de duelo y a sanar heridas de la infancia. Su energía es de color blanco acremado, se siente como un abrazo cálido y da la impresión de ser una energía muy vieja y sabia.

Arcángel Chamuel. Su nombre significa «el que ve a Dios». Sana ansiedades y da paz. Nos abre el corazón, llenándolo de luz. Nos asiste en atraer nuevas personas a nuestra vida: una nueva pareja, amigos, clientes. Asiste en la construcción y el fortalecimiento de las relaciones, ayudándonos a establecerlas a partir de bases firmes. Su energía se percibe color verde agua o rosa, siendo muy suave y tierna.

Arcángel Gabriel. Su nombre significa «mensajero de Dios». Es el arcángel mensajero, el encargado de traer buenas nuevas a nuestra vida; nos asiste en vislumbrar el futuro y en todo lo relacionado con cierre de ciclos y nuevos comienzos. Abre los caminos para que sean más sencillos de recorrer y nos acompaña en nuestro caminar por la vida. Asiste en temas de concepción, embarazo y nacimiento. Ayuda cuando existen problemas de fertilidad (a veces abre los caminos hacia la adopción). De igual manera, nos asiste en la creación de nuevos proyectos y en el inicio de nuevas empresas. Es el arcángel de la comunicación, por lo que asiste a todo aquel que tenga que dar un mensaje, ya sea hablado, escrito, cantado o a través de las artes. Facilita nuestra comunicación diaria, enseñándonos a ser puntuales y asertivos. Su energía va de naranja a cobre, siendo fuerte y a la vez maternal.

Arcángel Haniel. Su nombre significa «gloria de Dios». Trabaja directamente con nuestro lado femenino, enseñándonos a ser más amables, a recibir y a hacer cosas que nutran nuestra vida y entorno. Su función principal es traer la gracia de Dios a nuestra existencia terrenal. Ayuda a entender y respetar los ciclos de la vida. Nos invita a vivir nuestra sexualidad de una manera abierta y sana, ayudando a sanar situaciones relacionadas con esta. Su energía es color blanco azulado, casi transparente, y su presencia es un tanto mística.

Arcángel Jeremiel. Su nombre significa «piedad de Dios». Su principal función consiste en ayudarnos a sentir, observar, procesar y expresar los sentimientos. Nos enseña que detrás de cada sentimiento hay implícita una necesidad, y que vivir los sentimientos de forma positiva siempre nos lleva a crecer como personas. Nos asiste en hacer revisiones de vida profundas, que nos permitan tomar decisiones acertadas. Apoya en la interpretación de los sueños. Su energía es de color violeta, y cuando está presente se siente como la presencia de un viejo amigo.

Arcángel Jofiel. Su nombre significa «belleza de Dios». Nos ayuda a sanar el caos y a salirnos de la negatividad. Nos invita a ver lo positivo en nuestras vidas, a encontrar las bendiciones escondidas en las situaciones por las que atravesamos y nos enseña a elevar nuestro sistema energético a través del agradecimiento. Apoya a los artistas con sus proyectos y nos asiste en todo lo relacionado con la decoración de interiores y armonización energética de los espacios *(feng shui)*. Su energía es como un torbellino de color fucsia.

Arcángel Metatrón. Su nombre significa «el que ocupa el trono vecino a Dios», y antes de ser arcángel fue el profeta Enoc, que ascendió por todo el aprendizaje obtenido en su vida. Asiste a todos los que estamos en el camino espiritual y acelera el despertar de la conciencia de la humanidad. Nos ayuda a obtener un mayor entendimiento espiritual y a establecer las prioridades en nuestra vida. Ayuda a los niños espirituales: trabajadores de la luz, índigo, cristales y arcoíris; los acompaña a lo largo de su vida, ayudándolos a cumplir su misión, trabajando con ellos y con los adultos que los rodean. Asiste a los niños en los procesos de estudio y aprendizaje. Su energía es rosa y verde, y su presencia es muy fuerte, muy masculina y en ocasiones hasta «escandalosa». Tiene un gran sentido del humor.

Arcángel Miguel. Su nombre significa «el que es como Dios», y también es conocido como el príncipe de los arcángeles. Su principal función es ayudarnos a salir del miedo para vivir en el amor. Nos protege, nos inunda de fortaleza y nos asiste en darle dirección, energía y sentido a nuestra vida. También ayuda en temas relacionados con la justicia. Eleva y limpia nuestro sistema energético. Proporciona coraje, dirección, energía, vitalidad, protección, motivación, valía y alta autoestima. Asiste en todos los aspectos que involucran la misión en la vida. Ayuda a las almas a trascender y nos protege de entidades de más baja vibración. Auxilia en procesos de sanación del alma. Su presencia es contundente y fuerte, muy masculina, y su energía va del azul eléctrico al morado.

Arcángel Raguel. Su nombre significa «amigo de Dios». Se enfoca principalmente en sanar todo tipo de relaciones, ayudándonos en resolución de conflictos, cooperación y armonía en parejas, grupos y familias. Siempre nos permite ver los diferentes puntos de vista de una situación y, de esta manera, lograr un mayor entendimiento. Su energía es color azul claro y se siente como la presencia de un consejero, terapeuta o abogado.

Arcángel Rafael. Su nombre significa «Dios sana» o «el que sana». Es el arcángel médico, por lo que nos ayuda a la curación de enfermedades mediante la sanación de su origen emocional. Nos abre los caminos hacia los médicos y los tratamientos exitosos. Ayuda al enfermo y a los familiares a lidiar de una mejor manera con la enfermedad. Asiste a los sanadores y médicos en el aprendizaje y el ejercicio de su práctica. Nos recuerda que debemos cuidar nuestro cuerpo como el templo de Dios. Ayuda a sanar adicciones y también acompaña a viajeros, brindándoles protección y augurando un feliz retorno. Su energía es de color verde esmeralda. Es serio y su presencia siempre va acompañada de una gran dosis de confianza.

Arcángel Raziel. Su nombre significa «secreto de Dios». Es el arcángel sabio, y se dice que él guarda todos y cada uno de los secretos del universo. Nos ayuda a abrir el tercer ojo, a ser más intuitivos y a tener un mayor entendimiento espiritual. Nos permite entrar en contacto con nuestra sabiduría interior y con la sabiduría del inconsciente colectivo, por lo que se siente como la presencia de un viejo sabio. Su energía es de los colores del arcoíris y en ocasiones se ve transparente.

Arcángel Sandalfón. Antes de ser arcángel fue el profeta Elías. Trae alegría a nuestra vida y nos recuerda la importancia de contactar con el placer y el disfrute. Entrega mensajes a través de la música, ya sea inspirando a los músicos a componer o poniendo en nuestra mente canciones que traen implícito un mensaje sobre alguna situación en particular. Nos invita a tener una parte lúdica en nuestra vida. Es un arcángel muy juguetón y bromista, y su energía es de color azul turquesa.

Arcángel Uriel. Su nombre significa «luz de Dios». Trabaja directamente con nuestra autoestima y nos recuerda que somos perfectos en lo que nosotros llamamos imperfección. Elimina las culpas de nuestro sistema y nos ayuda a sentirnos merecedores. Nos asiste en procesos de perdón, tanto a otras personas como a nosotros mismos. Está relacionado con la ayuda durante y después de los desastres naturales. Su energía es fuerte y grande, y da la impresión de ser un «gran apoyo». Su energía va del amarillo al dorado.

Arcángel Zadkiel. Su nombre significa «rectitud de Dios». Nos enseña a ver a los otros con ojos de compasión, a ser misericordiosos y también a otorgar el perdón a otros y a nosotros mismos. Nos ayuda a eliminar los pensamientos compulsivos y las ideas, introyectos y decretos que no nos permiten avanzar y bloquean nuestro caminar. Nos ayuda a tener buena memoria, a acordarnos de información importante y a encontrar objetos perdidos. Se siente muy serio y formal, y su energía es de color azul marino.

EJERCICIO
· · · · · · · · · · · · ·

PERMITE QUE LOS ARCÁNGELES TE SANEN

Busca un lugar donde puedas estar en paz y en completa quietud, tómate un momento de introspección y trae a tu mente un asunto en particular que quieras trabajar con los arcángeles en sanación. Adopta una posición que te resulte cómoda y cierra los ojos. Visualiza la situación desde varios ángulos, si quieres, y escribe en un papel el asunto que deseas sanar.

1. Haz una respiración profunda y concéntrate en tu ritmo respiratorio, haciéndolo cada vez más lento y de manera más consciente.

2. Vuelve a inhalar profundamente y, esta vez, centra la atención en el peso de tu cuerpo. Empieza por sentir cuán pesada es tu cabeza y la fuerza que ejerce sobre tu cuello, así como el peso de tus hombros y de tus brazos. Hazte consciente de tu posición, en dónde recae el peso de cada una de las partes de tu cuerpo y sobre qué está ejerciendo presión. Con la mente, haz un recorrido por todo tu cuerpo y, si te es más fácil, imagina que se va pintando de algún color.

3. Sigue respirando despacio, profundamente, y visualiza cómo empiezan a crecer raíces en tus pies. ¿Cómo son estas raíces? ¿Son frágiles o fuertes? ¿De qué color son? ¿Son delgadas o anchas? Al ritmo de tu respiración observa cómo crecen y atraviesan el suelo, la tierra... Sigue respirando y viendo el crecimiento de tus raíces hasta llegar al centro de la Tierra.

4. Nota cómo, con cada respiración, extraes energía desde el centro de la Tierra y la llevas hasta tus pies. Con cada inhalación permites que esta energía suba por tus piernas, tus caderas, tus glúteos, tu espalda, tu torso, tu cuello y tu cabeza. Todo tu cuerpo está conectado con la Tierra, estás arraigado, eres uno con ella.

5. Centra tu atención en tu corazón, haz una respiración profunda y, al exhalar, pon tu corazón en este momento, en este espacio, en este encuentro que estás teniendo con los arcángeles.

6. Sube la atención a tu coronilla, justo al centro de tu cabeza, y desde ahí observa cómo te conectas con el cielo. En este momento, pide a la Divinidad que te permita sanar ese aspecto particular de tu vida.

7. Conviértete ahora en observador, mirando atentamente lo que sucede en tu mente. ¿Qué imágenes surgen? ¿Qué significan para ti? ¿Qué tienen que ver con lo que quieres sanar? ¿Qué más estás viendo dentro de tu cabeza? ¿Hay colores o formas? ¿Cómo relacionas estos colores con la sanación?

8. Enfócate en tus sensaciones. ¿Qué estás sintiendo? ¿Hay algún cambio en tus sentimientos o sensaciones? Estas sensaciones, ¿se centran en algún punto de tu cuerpo? ¿Sientes energía a tu alrededor? ¿Cómo es esta energía? ¿Qué sientes ante su presencia?

9. Escucha a los ángeles y arcángeles, y pídeles que te entreguen un mensaje. Abre tu mente, tu corazón y tus oídos para recibirlo.

10. Toma conciencia de todos los pensamientos que pasan por tu mente en este momento.

11. Sabrás que la sanación ha terminado, simplemente porque dejarán de suceder cosas.

12. Agradece a tus ángeles y arcángeles su amorosa presencia y la energía sanadora que te otorgaron.

13. Poco a poco regresa a tu cuerpo, al lugar donde te encuentras físicamente. Hazte consciente de tu respiración, de tu cuerpo, y empieza a mover lentamente tus manos y tus pies; respira profundamente y, cuando estés listo, abre los ojos.

14. Tómate un momento de introspección para asimilar y aceptar lo ocurrido.

CAPÍTULO II

TOMANDO CONCIENCIA DE NUESTRO CUERPO ENERGÉTiCO Y ELEVANDO LA FRECUENCIA VIBRAToRIA

PREPARÁNDONOS PARA LA COMUNICACIÓN CON LOS ÁNGELES

Dado que los ángeles son seres de luz y no cuentan con un cuerpo físico, y que el hombre es ser físico y ser de luz (energético), la mejor manera de abrirnos a nuestros ángeles es tomar conciencia de nuestro cuerpo energético y elevar su frecuencia para entrar en sintonía con los ángeles. Esto, en la práctica, sería el equivalente a acomodar la antena para sintonizar tu radio en la estación correcta.

Elevar la frecuencia energética implica una serie de prácticas que pueden parecer difíciles en un principio; sin embargo, con el tiempo, se convierten en hábitos sencillos que nos traen un sinnúmero de beneficios adicionales, como ayudarnos a ser personas más optimistas, más alegres y más amorosas, facilitarnos ver las bendiciones, los pequeños milagros de cada día, y ser agradecidos con la vida y con Dios. En general, cuando elevamos nuestra frecuencia energética, nos volvemos más positivos y, por ende, más propensos a alcanzar la felicidad.

EL CUERPO ENERGÉTICO

La idea común y errónea que tenemos del hombre es la de un cuerpo físico, de carne y hueso, que contiene dentro (probablemente cerca del corazón o del estómago, en el plexo solar) una llama de luz en la que se encuentra su alma, su esencia, su energía.

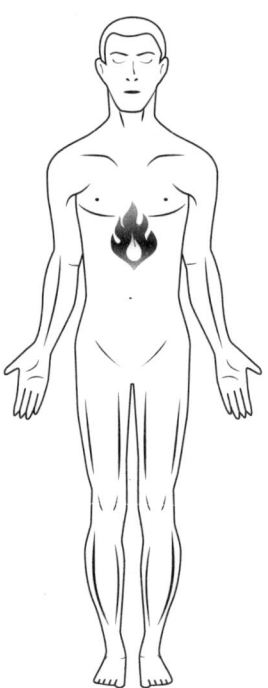

Cuando el hombre amplía su conciencia, se abre a sentir su cuerpo energético, y puede tener la certeza de que es mucho más grande de lo que pensaba, a la vez que se da cuenta de que es un SER DE LUZ que posee un cuerpo físico; es decir, que es un ALMA y que su cuerpo es el vehículo.

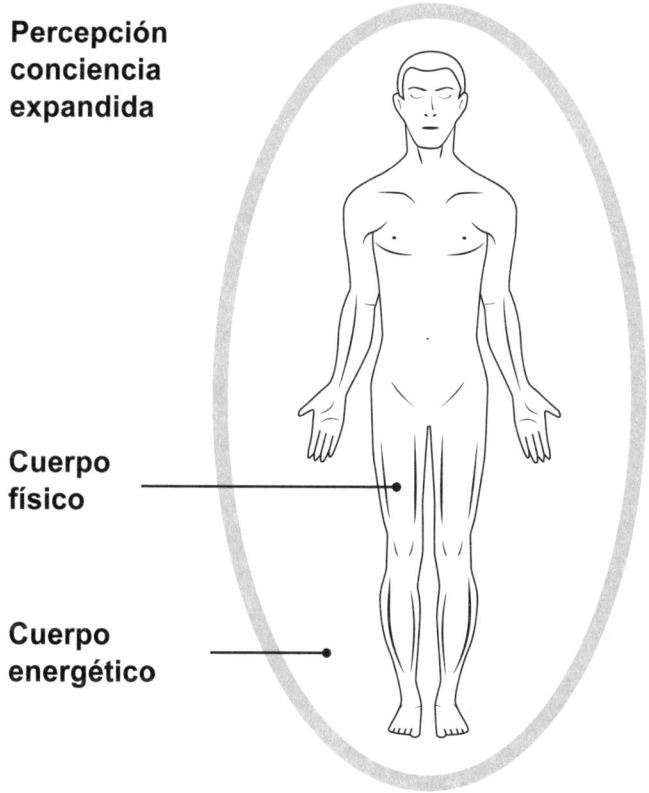

Percepción conciencia expandida

Cuerpo físico

Cuerpo energético

LOS CHAKRAS

Nuestro cuerpo energético está compuesto de diversos elementos, siendo los más importantes el aura y los chakras.

La palabra «chakra» significa 'rueda' en sánscrito. Los chakras son ruedas de energía que giran en el sentido de las manecillas del reloj. Tenemos chakras en todo nuestro cuerpo, sin embargo, los más importantes son siete y están alineados a lo largo de nuestra columna vertebral y la cabeza: chakra Muladhara o de la raíz; Svadhisthana o sacro; Manipura o del plexo solar; Anahata o del corazón; Vishuddha o de la garganta; Ajna o del tercer ojo, y Soma o de la coronilla.

La función principal de los chakras es dar energía vital a nuestro cuerpo físico, así como ayudarnos a integrarlo con nuestra mente y nuestras emociones.

Los chakras radian y reciben energía constantemente. Cuando tenemos pensamientos, sentimientos o hábitos negativos, los chakras cambian de forma y de color, y en ocasiones dejan de girar, afectando con ello nuestras emociones y nuestro cuerpo físico, desequilibrándonos y hasta dejándonos enfermos.

Cada chakra rige diferentes aspectos de nuestra vida. Cuando prestamos atención a nuestros centros energéticos y procuramos tenerlos equilibrados y alineados, la energía fluye mejor y nos favorece, permitiéndonos vivir en mayor paz y armonía.

Los chakras, además de tener diversas funciones y colores, vibran en frecuencias diferentes.

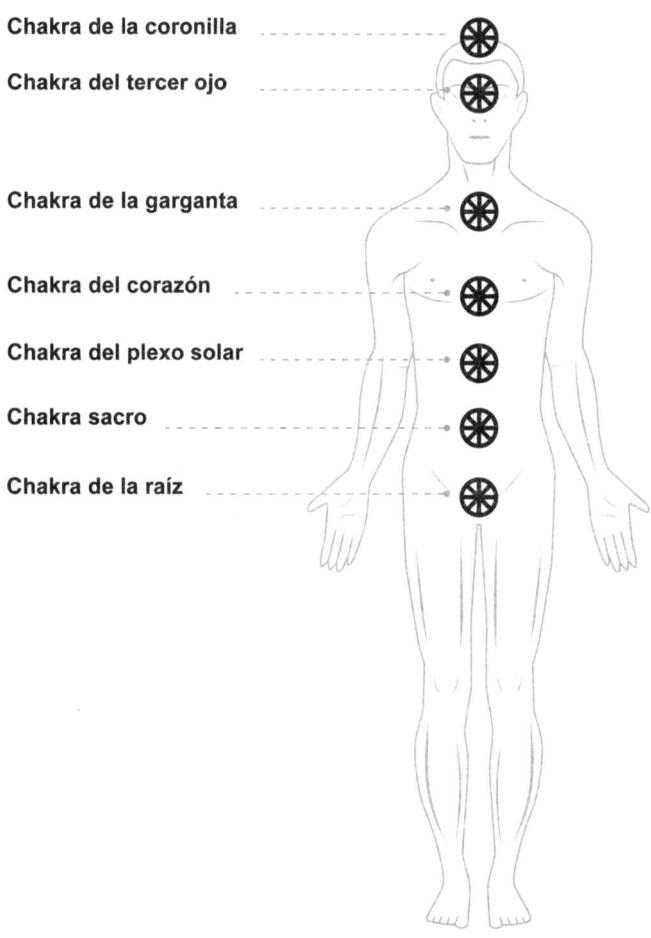

Chakra de la coronilla

Chakra del tercer ojo

Chakra de la garganta

Chakra del corazón

Chakra del plexo solar

Chakra sacro

Chakra de la raíz

CHAKRA DE LA RAÍZ

Ubicación: base de la espina dorsal (coxis).

Color: rojo.

Función:

- **Mundo material, con la tierra:** relacionado con el arraigo, con pertenecer a un grupo y a un lugar y con hacer realidad los sueños.

- **Posesiones físicas**: tiene que ver con dinero, bienes materiales, etcétera.
- **Trabajo**: si la persona se siente o no capaz de realizarlo y generar un ingreso estable.
- **Seguridad**: cómo se siente ante el mundo.

CHAKRA SACRO

Ubicación: bajo vientre (debajo del ombligo).
Color: naranja.
Función:
- **Cuerpo físico**: concepto que guarda la persona de su cuerpo, su edad, su salud, etcétera.
- **Sexualidad**: cuánto se permite vivir la sexualidad y disfrutarla.
- **Creatividad**: si se permite ser creativo, vivir de una manera original.
- **Placer y disfrute**: cuánto se permite disfrutar de la vida.

CHAKRA DEL PLEXO SOLAR

Ubicación: a la altura del estómago (debajo del esternón).
Color: amarillo.
Función:
- **Autoestima**: relacionado con la valoración personal, la autodeterminación, la perseverancia para alcanzar las metas. Amor y respeto por uno mismo.
- **Poder personal**: relacionado con el poder y el control, con la manipulación, así como con someterse o ser sometido.
- **Metas**: la capacidad de lograr lo que se propone.

CHAKRA DEL CORAZÓN

Ubicación: centro del pecho
Color: verde.

Función:

- **Amor**: relacionado con la capacidad de amarse a uno mismo y a los demás.
- **Relaciones**: todo lo referente a la relaciones familiares, de amistad y de pareja.
- **Compasión**: referente a la capacidad de ser compasivo, a lograr el perdón y el autoperdón.
- **Sentimientos**: hace referencia a sentir, procesar y expresar las emociones.

CHAKRA DE LA GARGANTA

Ubicación: centro de la garganta.
Color: azul.
Función:

- **Ser asertivo**: saber escuchar, ser oportuno, hablar desde el amor, expresar de manera fluida los sentimientos y pensamientos propios, expresando y sosteniendo la verdad personal.
- **Formas de comunicación**: cantar, escribir, hablar, realizar trabajos artísticos, canalizar y enseñar a otras personas.

CHAKRA DEL TERCER OJO

Ubicación: centro de la frente.
Color: azul índigo (añil).
Función:

- **Inteligencia**: parte racional, pensamientos, la forma de procesar ideas.
- **Sabiduría**: información del alma, que nos es dada por el ser superior.
- **Intuición**: capacidad de percibir más allá de los sentidos.

CHAKRA DE LA CORONILLA

Ubicación: parte superior de la cabeza.

Color: morado.

Función:

- **Espiritualidad:** todo lo concerniente a la relación con Dios.
- **Conciencia cósmica:** relacionado con la disposición a recibir guía divina y confiar en ella.

Es importante tener siempre presente que, cuando mantenemos nuestros chakras limpios, equilibrados y alineados, nos sentimos en paz y relajados, elevamos nuestra frecuencia energética y propiciamos un momento ideal para la comunicación con nuestros ángeles.

ELEVAR LA FRECUENCIA ENERGÉTICA

Los pensamientos, los hábitos y las creencias que tenemos influyen en nuestro cuerpo energético y, por lo tanto, en la frecuencia en que vibramos. Nuestros pensamientos y sentimientos controlan el flujo de energía. Para poder vibrar en una frecuencia energética elevada hay que vigilar que nuestros pensamientos sean positivos y liberar los sentimientos y pensamientos negativos.

Esto, además de propiciar la comunicación con los ángeles, nos va a permitir la cocreación de una vida de mayor plenitud en todos los sentidos.

FORMAS CONCRETAS PARA ELEVAR LA FRECUENCIA

Existen varios ejercicios que podemos llevar a cabo para elevar nuestra frecuencia energética, algunos de ellos son:

I.   *Limpieza y alineación de chakras*
II.   *Agradecimiento*
III. *Arraigo o cimentación*
IV.   *Afirmaciones*
V.   *Manifestaciones o decretos*
VI.   *Liberaciones*

Si bien estos ejercicios al principio se hacen de manera consciente, al ser practicados con regularidad se irán adoptando como hábitos y forma de vida.

I. LIMPIEZA Y ALINEACIÓN DE CHAKRAS

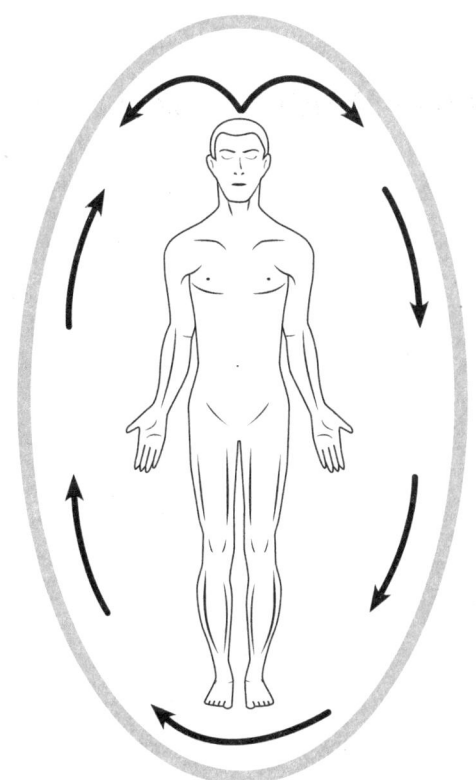

La higiene de nuestro cuerpo físico es primordial para nosotros, hasta el punto de que le dedicamos un momento específico del día. De igual manera, el aseo de nuestro cuerpo energético debe ser muy importante.

La limpieza del cuerpo energético se hace a través de la conciencia, utilizando la meditación y la visualización para llevarla a cabo.

Los chakras se pueden limpiar a través de luz, ya que las áreas de oscuridad en el sistema energético representan la negatividad y la luz siempre disuelve la oscuridad.

Para limpiar los chakras solo necesitas tener la intención de hacerlo, tomarte unos minutos, pedirle ayuda a tus ángeles y observar (visualizar) lo que sucede.

EJERCICIO
· · · · · · · · · · · · ·

MEDITACIÓN DE LIMPIEZA DE CHAKRAS
(CON LA AYUDA DE TU ÁNGEL)

Busca un lugar donde puedas estar en paz y en completa quietud, adopta una posición que te resulte cómoda y cierra los ojos.

1. Haz una respiración profunda y concéntrate en tu ritmo respiratorio, haciéndolo cada vez más lento y de manera más consciente.

2. Vuelve a inhalar profundamente y, esta vez, centra la atención en el peso de tu cuerpo. Empieza por sentir cuán pesada es tu cabeza y la fuerza que ejerce sobre tu cuello, así como el peso de tus hombros y de tus brazos. Hazte consciente de tu posición, en dónde recae el peso de cada una de las partes de tu

cuerpo y sobre qué está haciendo presión. Con tu mente, haz un recorrido por todo tu cuerpo y, si te resulta más fácil, imagina que se va pintando de algún color.

3. Sigue respirando despacio, profundamente, y visualiza cómo empiezan a crecer raíces en tus pies. ¿Cómo son estas raíces? ¿Son frágiles o fuertes? ¿De qué color son? ¿Son delgadas o anchas? Al ritmo de tu respiración, observa cómo crecen y atraviesan el suelo, la tierra… Sigue respirando y sigue viendo el crecimiento de tus raíces hasta llegar al centro de la tierra.

4. Nota cómo, con cada respiración, extraes energía desde el centro de la Tierra y la llevas hasta tus pies. Con cada inhalación permites que esta energía suba por tus piernas, tu cadera, tus glúteos, tu espalda, tu torso, tu cuello y tu cabeza. Todo tu cuerpo está conectado con la Tierra, estás arraigado, eres uno con ella.

5. Centra tu atención en tu corazón, haz una respiración profunda y, al exhalar, pon tu corazón en este momento, en este encuentro con tu ángel y en la limpieza de tus chakras.

6. Sube la atención a tu coronilla, justo al centro de tu cabeza, y desde ahí observa cómo te conectas con el cielo.

7. Observa cómo viene hacia a ti una esfera de luz, que conforme se va acercando va tomando la forma de un ángel. Él es tu ángel de la guarda. Obsérvalo, siente su energía, escúchalo.

8. Tu ángel ha venido a ayudarte a limpiar tus chakras.

9. Observa y siente cómo lleva sus manos a tu primer chakra, el chakra de la raíz, esa esfera de luz roja ubicada a la altura de tu coxis. Ve cómo se disuelven las áreas de oscuridad en tu primer chakra, mientras tomas conciencia de cuáles fueron los pensamientos y sentimientos negativos relacionados con tu seguridad, sustento económico, bienes materiales, trabajo y arraigo que provocaron estas áreas oscuras. Mientras tu primer chakra se va iluminando, repite para ti mismo:

YO ME SIENTO SEGURO EN EL MUNDO.
SOY CAPAZ DE SOSTENERME SOBRE MIS PROPIOS PIES.
GENERO LOS INGRESOS SUFICIENTES PARA VIVIR
EN ABUNDANCIA Y PROSPERIDAD.
MI TRABAJO ES FUENTE DE CRECIMIENTO
Y DE SATISFACCIONES MATERIALES, PROFESIONALES Y
PERSONALES.

Observa tu chakra de la raíz iluminado, limpio y expandido.

10. Observa y siente cómo tu ángel lleva sus manos a tu segundo chakra, el chakra sacro, esa esfera de luz naranja ubicada justo debajo de tu ombligo. Ve cómo se disuelven las áreas de oscuridad, mientras tomas conciencia de cuáles fueron los pensamientos y sentimientos negativos relacionados con tu cuerpo, salud, sexualidad, aspecto físico, hábitos y/o adicciones y parte creativa que provocaron estas áreas oscuras. Mientras tu chakra sacro se va iluminando, repite para ti mismo:

YO ACEPTO Y AMO MI CUERPO TAL COMO ES.
ESTOY TOTALMENTE SANO Y CADA CÉLULA
DE MI CUERPO VIBRA EN SALUD.
VIVO MI SEXUALIDAD PLENAMENTE E IMPRIMO UN
TOQUE DE CREATIVIDAD A CADA DÍA DE MI VIDA.

Observa tu chakra sacro iluminado, limpio y expandido.

11. Observa y siente cómo lleva sus manos a tu tercer chakra, el plexo solar, esa esfera de luz amarilla, como un sol, que está ubicada en la boca del estómago, justo donde termina tu esternón. Ve cómo se disuelven las áreas de oscuridad en tu plexo solar, mientras tomas conciencia de cuáles fueron los pensamientos y sentimientos negativos relacionados contigo mismo, con tu autoestima, con tu seguridad personal, con la forma en la que ejerces tu poder o permites que otros lo ejerzan sobre ti, con las culpas y los chantajes que provocaron estas áreas oscuras. Mientras tu plexo solar se va iluminando, repite para ti mismo:

YO SOY UNA PERSONA VALIOSA, MERECEDORA DEL
RESPETO Y EL CARIÑO DE LOS DEMÁS. SOY ÚNICO E
IRREPETIBLE, PERFECTO EN MI «IMPERFECCIÓN».
LO QUE YO APORTO AL MUNDO ES MUY VALIOSO.
ME AMO A MÍ MISMO.

Observa tu plexo solar iluminado, limpio y expandido.

12. Observa y siente cómo tu ángel lleva sus manos a tu cuarto chakra, tu corazón, la esfera verde que se encuentra justo en el centro de tu pecho. Ve cómo se disuelven las áreas de oscuridad en tu corazón, mientras tomas conciencia de cuáles fueron

los pensamientos y sentimientos negativos relacionados con tu capacidad de dar y recibir amor, sentimientos no procesados y tu forma de relacionarte con las personas que te rodean que provocaron estas áreas oscuras. Mientras tu corazón se va iluminando, repite para ti mismo:

YO ABRO MI CORAZÓN. YO DOY Y RECIBO AMOR EN ABUNDANCIA. SOY CAPAZ DE PROCESAR Y EXPRESAR MIS SENTIMIENTOS, MANTENGO RELACIONES SANAS, AMOROSAS Y ARMÓNICAS CON TODOS LOS QUE ME RODEAN.

Observa tu chakra del corazón iluminado, limpio y expandido.

13. Observa y siente cómo tu ángel lleva sus manos a tu quinto chakra, tu garganta, la esfera azul que allí se encuentra. Ve cómo se disuelven las áreas de oscuridad en tu garganta, mientras tomas conciencia de cuáles fueron los pensamientos y sentimientos negativos relacionados con tu capacidad de expresarte (ser demasiado pasivo o agresivo en tus comunicaciones, no hablar desde tu verdad, expresar situaciones negativas sobre ti o sobre otros, o no escuchar a los demás) que provocaron estas áreas oscuras. Mientras tu garganta se va iluminando, repite para ti mismo:

YO SOY COMUNICACIÓN ASERTIVA Y SANA. YO ME EXPRESO FIRMEMENTE DESDE MI VERDAD. AFIRMO LO QUE PIENSO Y SIENTO CON FACILIDAD. ESCUCHO ATENTAMENTE A LOS QUE ME RODEAN, TODO AQUEL QUE SE CRUCE EN MI CAMINO SE VERÁ BENEFICIADO CON MI PALABRA.

Observa tu chakra de la garganta iluminado, limpio y expandido.

14. Observa y siente cómo tu ángel lleva sus manos a tu sexto chakra, tu tercer ojo, la esfera azul índigo que se encuentra justo en el centro de tu frente. Ve cómo se disuelven las áreas de oscuridad en tu tercer ojo, mientras tomas conciencia de cuáles fueron los pensamientos y sentimientos negativos relacionados con tu capacidad de intuir (no ser lo bastante inteligente o tener miedo de ver con claridad) que provocaron estas áreas oscuras. Mientras tu tercer ojo se va iluminando, repite para ti mismo:

YO SOY PROFUNDAMENTE INTELIGENTE, SABIO E INTUITIVO. CONECTO CON LA FUENTE DE LA SABIDURÍA DEL UNIVERSO. RECIBO INFORMACIÓN Y GUÍA CONSTANTE DE MIS ÁNGELES. PONGO ESTA SABIDURÍA AL SERVICIO DE LOS QUE ME RODEAN.

Observa tu tercer ojo iluminado, limpio y expandido.

15. Observa y siente cómo tu ángel lleva sus manos a tu séptimo chakra, tu coronilla, la esfera morada que se encuentra sobre tu cabeza. Ve cómo se disuelven las áreas de oscuridad en tu coronilla, mientras tomas conciencia de cuáles fueron los pensamientos y sentimientos negativos relacionados con tu relación con Dios (conceptos religiosos o espirituales que te alejan de Él, falta de fe y confianza, etcétera) que provocaron estas áreas oscuras. Mientras tu coronilla se va iluminando, repite para ti mismo:

YO SOY UNO CON DIOS, ÉL VIVE EN MÍ Y YO EN ÉL. ÉL ENTRA EN MI VIDA E INTERACTÚA EN CADA UNO DE LOS ASPECTOS QUE LA CONFORMAN. YO CONFÍO. CUANDO DIOS VIVE EN MÍ, SOY MÁS GRANDE QUE MIS MIEDOS.

Observa tu chakra de la coronilla iluminado, limpio y expandido.

16. Tómate un momento para observarte completo, totalmente iluminado y expandido. Disfruta de ver tus chakras formando un arcoíris radiante a lo largo de tu columna vertebral.

17. Agradece a tu ángel esta limpieza de chakras y despídete de él con la confianza de que estará a tu lado siempre que lo necesites. Observa cómo se convierte nuevamente en una esfera de luz y se aleja hasta perderse en el universo.

18. Poco a poco regresa a tu cuerpo, al lugar donde te encuentras físicamente, y hazte consciente de tu respiración y de tu cuerpo. Empieza a mover lentamente tus manos y tus pies; respira profundamente y, cuando estés listo, abre los ojos.

II. AGRADECIMIENTO

Tener conciencia de las bendiciones que hemos recibido y estar agradecidos por ellas ayuda a centrarse en lo positivo, elevando el sistema energético y generando una mayor abundancia.

Cuando nos disponemos a dar las gracias, tenemos que valorar todo lo bueno que está sucediendo en nuestras vidas. Centrar la atención en lo positivo ya es un elevador natural del sistema energético.

Al ser agradecidos generamos un sentimiento de frecuencia vibratoria muy alta, casi como la frecuencia del amor, por lo que no solo elevamos el pensamiento, sino también el sentimiento.

Por último, al estar centrados en lo positivo con nuestros pensamientos y sentimientos, utilizamos nuestro poder cocreador, generando más situaciones positivas y entrando en un círculo virtuoso de abundancia.

Recuerdo que, en una ocasión, estaba atravesando un día muy gris; estaba lloviendo y, dentro de mí, la falta de confianza en la vida y los pensamientos negativos se sucedían unos tras otros. Iba conduciendo y, en un momento de descuido, choqué; en ese instante, lo único que sentí fue un gran enfado que me invadía desde la cabeza hasta el corazón. Me sentía enfadada conmigo misma, por no haber puesto la suficiente atención; con mis ángeles, por no haberme cuidado, y con la vida, por todo lo que me estaba sucediendo. En ese momento el mensaje que recibí de mis ángeles fue «Da las gracias», lo que en un primer momento me hizo enfadar aún más, y dije: «No tengo nada que agradecer». Sin embargo, empezaron a pasar por mi mente algunos pensamientos positivos: reconocer que el accidente no fue grave y, lo más importante, que tanto mi hijo como yo estábamos bien y que los daños solo eran materiales (lo agradecí). Me bajé del coche para ver cómo estaban los pasajeros del automóvil con el que había chocado y, para mi sorpresa, la conductora era una señora mayor que, lejos de molestarse por lo sucedido, fue comprensiva y empática conmigo (lo agradecí). Una vez hecho esto, llamé al seguro, a la vez que tomaba conciencia de lo afortunada que era por tener el respaldo de una compañía de seguros en esas circunstancias (lo agradecí). Mientras esperaba a que llegara el agente de la aseguradora, recibí una llamada de mi hermana, quien me ofreció su apoyo y se pasó para llevar a mi hijo a tomar un helado mientras yo arreglaba el papeleo del accidente (lo agradecí). El agente de la aseguradora no tardó y enseguida empezó a evaluar los daños (lo agradecí).

Me di cuenta de que, conforme iba haciendo este recuento de situaciones positivas dentro del supuesto caos, la tempestad interna se iba disipando, la nube negra que me cubría se iba abriendo e iba dando paso a la luz. Con cada agradecimiento me iba sintiendo mejor; estaba subiendo mi frecuencia energética.

Siempre recomiendo que se tenga una libreta especial para escribir los agradecimientos antes de dormir; os sorprenderéis de la cantidad de pequeñas bendiciones que se reciben durante el día y que, al sumarlas, son las que construyen los grandes milagros.

III. ARRAIGO

Parece una paradoja que, para poder volar con los ángeles, tengamos que tener los pies bien firmes sobre la tierra.

Suele suceder que una persona que se define como espiritual no lo sea necesariamente, pues hay quienes tienen muy desarrollados los chakras superiores pero se han olvidado por completo de los inferiores. Siendo así, de nada sirve tener una conexión maravillosa con Dios si no somos capaces de conectar los aspectos terrenales y mundanos con la energía divina. Mientras nuestra alma exista en un cuerpo físico, será necesario honrar nuestra humanidad y nuestra estancia EN LA TIERRA.

Ser espirituales implica, entonces, tener los siete chakras expandidos, iluminados y alineados, en equilibrio y en comunión con el cielo y con la tierra. De ahí la importancia del arraigo.

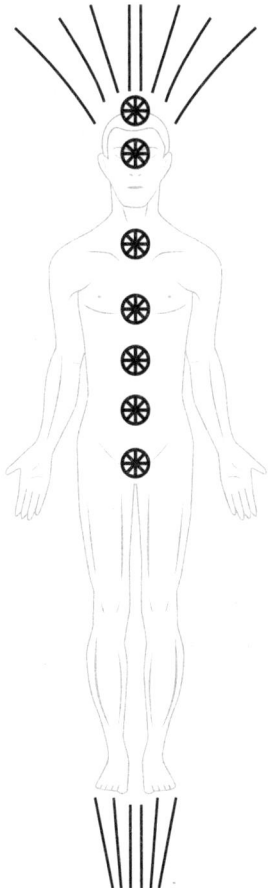

Cimentarse o arraigarse tiene una doble función:

- Asegurarse de tener los pies bien plantados sobre la tierra, permitiendo que la energía divina baje y se concrete en acciones humanas.
- Quedarse en el aquí y en el ahora, siendo capaz de observar el pasado y aprender de él para construir en el hoy y asegurar un futuro mejor.

Cuando nos cimentamos, centramos la atención en nuestro cuerpo y en la forma en que estamos presentes en el momento. Reunimos todas nuestras energías (mentales, emocionales y físicas) en un solo acto que nos permite estar presentes por completo, alertas, relajados, en un estado receptivo que favorece la comunicación con los ángeles.

Al cimentarnos, aseguramos que la energía divina, que estamos recibiendo a través de nuestro chakra de la coronilla, llegue a nuestro chakra de la raíz y se concrete en acciones positivas.

Existen muchas formas de cimentarse:

- Visualizando que crecen raíces de los pies que llegan hasta el centro de la Tierra (como lo hemos estado haciendo al iniciar los ejercicios).
- Imaginando que somos un árbol.
- Ejercitándonos al aire libre.
- Realizando actividades relacionadas con la tierra, como la jardinería.
- Haciendo una acción repetitiva que no exija demasiada concentración (lavar los platos, por ejemplo).
- Realizando actividades relacionadas directamente con el primer chakra.

EJERCICIO
· · · · · · · · · · · · ·
MEDITACIÓN «SOY UN ÁRBOL»

Busca un lugar donde puedas estar en paz y en completa quietud. Ponte de pie con las piernas abiertas a la anchura de las caderas y con las plantas de tus pies bien firmes sobre el suelo. Cierra los ojos.

1. Haz una respiración profunda y concéntrate en tu ritmo respiratorio, haciéndolo cada vez más lento y de manera más consciente.

2. Vuelve a inhalar profundamente y, esta vez, centra la atención en el peso de tu cuerpo. Empieza por sentir cuán pesada es tu cabeza y la fuerza que ejerce sobre tu cuello, así como el peso de tus hombros y de tus brazos. Hazte consciente de tu posición y de dónde recae el peso de cada una de las partes de tu cuerpo. ¿Sobre qué está haciendo presión? Con tu mente, haz un recorrido por todo tu cuerpo y, si te es más fácil, imagina que se va pintando de algún color.

3. Sigue respirando despacio, profundamente, y visualiza cómo empiezan a crecer raíces en tus pies. ¿Cómo son estas raíces? ¿Son frágiles o fuertes? ¿De qué color son? ¿Son delgadas o anchas? Al ritmo de tu respiración observa cómo crecen y atraviesan el suelo, la tierra… Sigue respirando y viendo el crecimiento de tus raíces hasta llegar al centro de la Tierra.

4. Nota cómo con cada respiración extraes energía desde el centro de la Tierra y la llevas hasta tus pies. Con cada inhalación permites que esta energía suba por ellos. Ahora observa cómo te empiezas a transformar en árbol: tus pies se empiezan a convertir lentamente en la base y, conforme vas subiendo la energía, tus piernas, tus caderas y tu torso se convierten en el tronco del árbol.¿Cómo es este tronco? ¿Es delgado o ancho? ¿Cuál es su color? ¿Qué características tiene y cómo es su textura?

5. Sigue respirando profundamente y extrayendo energía desde el centro de la Tierra. Siente cómo sube por tu tronco hasta

llegar a tus brazos. Al llegar esta energía, tus brazos se transforman en ramas.¿Cómo son estas ramas y qué posición tienen? Deja que tus manos y dedos se transformen en hojas. Obsérvalas. Si es necesario, mueve tus brazos de acuerdo a la posición de tus ramas.

6. Continúa con tu respiración, dejando que la energía llegue ahora a tu cuello y cabeza. Observa ahora cómo se convierte en la copa del árbol. ¿Cómo es esta copa? ¿Es frondosa, grande o pequeña? ¿Hasta dónde llegan tus ramas?

7. ¿Cómo se siente ser un árbol? Permítete apreciar la sensación de estar profundamente arraigado en la tierra.

8. ¿Cómo es el lugar en el que estás plantado y qué elementos hay en el entorno? ¿Qué otras plantas o árboles hay a tu alrededor?

9. ¿Cómo es el clima en este lugar? Imagina que cambia el clima y aparece un vendaval que te sacude entero. ¿Qué te sucede? ¿Cómo vives este vendaval ¿Qué pasa cuando llueve, graniza o hace frío o calor? ¿Cómo es para ti estar arraigado?

10. Cuando estés listo, haz una respiración profunda y, al exhalar, permite que tu copa se vaya transformando en tu cabeza; tus ramas y hojas, en tus dedos, manos y brazos; tu tronco, poco a poco, en tu torso, tus caderas, tus piernas y tus pies.

11. Lentamente, empieza a levantar tus pies del suelo y muévelos.

12. Haz otra respiración profunda y, cuando estés listo, abre los ojos.

IV. AFIRMACIONES: EXPRESANDO NUESTRA VERDAD A TRAVÉS DE LAS PALABRAS

La forma en la que nos expresamos sobre nosotros mismos es la forma como nos plantamos en el mundo.

Estamos acostumbrados, por el tipo de educación que recibimos, a centrarnos en lo negativo en lugar de enfocarnos en lo positivo. Esto lo hacemos con otras personas y con nosotros mismos.

Si en este momento te piden que te definas a ti mismo, seguramente pensarás en una que otra cualidad y en un sinnúmero de defectos. Este tipo de pensamiento te limita y no te permite crear un autoconcepto positivo.

Tomar conciencia de la forma en que nos expresamos acerca de nosotros mismos, de las afirmaciones que hacemos, nos permite expandir nuestro autoconcepto, hacer un recuento de nuestras capacidades y ampliarlas, soltar miedos, ir más allá de nuestras fronteras.

Este tipo de pensamiento nos compromete con nosotros mismos, porque nos da la plena libertad de elegir qué persona queremos ser y nos responsabiliza de nuestro propio destino.

A continuación presento algunas afirmaciones para la vida diaria; sin embargo, recomiendo que cada persona elabore sus propias afirmaciones de acuerdo con sus circunstancias.

- Yo soy salud física, mental, emocional y espiritual.
- Yo estoy sano.
- Yo soy creador de abundancia.
- Yo recibo en abundancia.
- Yo abro mis brazos al universo con la conciencia de que todas mis necesidades me serán satisfechas.
- Yo estoy a salvo. Me siento seguro y estoy constantemente protegido por mis ángeles.

- Yo soy creatividad. Vivo mi vida de una manera creativa, reinventándome cada día y dándome cuenta de que ningún día es igual a otro.
- Yo estoy libre de adicciones.
- Yo me cuido a mí mismo. Cuido mi cuerpo físico e ingiero únicamente aquellos alimentos que sé que me hacen bien. Hago deporte y me mantengo sano y con buen aspecto.
- Yo vivo mi sexualidad en plenitud. Yo me abro a sentir y a vivir plenamente.
- Yo soy autodeterminación, con alta autoestima y logro de objetivos. Yo me siento capaz de realizar mis sueños más elevados. Yo me valoro a mí mismo. Yo soy valioso. Yo me amo.
- Yo soy amor. Yo doy y recibo amor en abundancia. Yo soy amor, soy amoroso, paciente, cariñoso y comprensivo. Yo amo y soy amado profundamente.
- Yo soy perdón. Yo me perdono a mí mismo y perdono a todos aquellos que me hayan hecho daño en el pasado.
- Yo soy compasión. Yo soy compasivo con todos los que me rodean. Honro y respeto a aquellos que viven en situaciones poco favorables. Yo soy compasión.
- Yo soy paz. Adonde quiera que yo vaya llevo mi paz. Yo aporto paz a mi familia y amigos. Yo soy paz.
- Yo soy comunicación asertiva, eficiente, eficaz, oportuna y amorosa. Yo hablo desde mi verdad. Yo soy empatía. Yo escucho atentamente y sirvo de reflejo a otros. Yo soy canal de comunicación para los ángeles y todo aquel con quien me comunico se beneficia de esta comunicación.
- Yo soy inteligencia y sabiduría. Yo conecto mi sabiduría interior con la fuente infinita de sabiduría del universo, con mi proceso de pensamiento y mi memoria. Yo soy inteligente. Yo confío en mi sabiduría.

- Yo soy intuitivo. Yo recibo guía divina a través de mi intuición. Yo soy intuición. Yo soy apertura hacia los ángeles. Yo soy comunicación con los ángeles; los veo, escucho y me comunico.
- Yo soy energía. Cada partícula de mi cuerpo está formada de energía.
- Yo soy luz y Dios me ilumina en cada una de mis acciones, en cada momento de mi vida y en cada respiración.
- Yo soy uno con Dios. Dios vive en mí y yo en Él. Yo soy parte de su plan divino y de su universo. Yo soy parte de su creación y Él vive en cada aspecto de mi vida.

V. MANIFESTANDO NUESTROS SUEÑOS

Otra forma de elevar nuestro sistema energético es a través de las manifestaciones, pues es una forma de permitir que los ángeles nos ayuden a cumplir nuestros deseos.

Mientras que las afirmaciones nos ayudan a cambiar la forma en que nos plantamos ante el mundo, las manifestaciones nos ayudan a cocrear nuestras circunstancias.

Cuando visualizamos el mejor resultado posible, estamos atrayendo a nuestras vidas aquello que realmente deseamos. Pareciera que cuando tenemos un pensamiento el universo se encarga de decirnos «Concedido, concedido, concedido», de tal manera que, si nos acostumbramos a vivir en el miedo, teniendo pensamientos negativos, estaremos atrayendo aquello a lo que más tememos. Por otro lado, si nos acostumbramos a pensar en positivo y a vibrar en el amor, estaremos atrayendo a nuestra vida situaciones positivas.

Manifestar o decretar es tomar plena conciencia de lo que queremos atraer a nuestra vida. Es planear nuestra vida, construirla de acuerdo a nuestros deseos. Es responsabilizarse de lo que nos sucede, dejar de ser víctimas de nuestras circunstancias y empezar a construir una realidad mejor.

Antes de realizar cualquier petición debemos estar seguros de lo que queremos. No debemos cuestionarnos si nuestro deseo se va a conceder o no, ya que al dudar o sentir miedo interrumpimos la materialización de nuestros sueños. La claridad de pensamiento y la fe son los factores que producen los resultados. Si los deseos son claros, los milagros son posibles.

Existen cinco pasos a seguir para manifestaciones efectivas:

1. Tener claridad en lo que se desea y mantenerlo.

2. Hacer la manifestación en tiempo positivo y presente, como si ya estuviera sucediendo.

3. Estar dispuesto a hacer los cambios y atravesar las puertas que se presenten para su concretización.

4. Dar las gracias.

5. Soltar la manifestación, no forzar ninguna circunstancia y permitir que el universo nos sorprenda con las soluciones que nos presenta.

VI. LIBERANDO LA NEGATIVIDAD

Elevar la frecuencia energética puede resultar imposible cuando nuestra cabeza está llena de preocupaciones, pensamientos negativos y miedos. Cuando nos sentimos deprimidos, indignos, culpables o enfadados, bloqueamos nuestro sistema energético y nos resulta imposible recibir.

Cuando liberamos este tipo de pensamientos y sentimientos, es más sencillo encontrar la solución a nuestros problemas: soltamos creencias negativas sobre nosotros mismos y nuestro entorno y podemos ver la vida con una mayor claridad.

Para volar con los ángeles debemos ir ligeros de equipaje. No necesitamos soltar la pesada carga que hemos acumulado en años para empezar a contactarlos; la mayoría de las veces, con un poco de negatividad que liberes dejarás suficiente espacio para que entre tu ángel.

La liberación exige, antes que nada, un trabajo de introspección; buscar en tu propia conciencia y en tu corazón qué es lo que te bloquea. Si sientes que no puedes realizar esta tarea tú solo, no te olvides de pedir ayuda a tus ángeles. Recuerda que ellos están siempre dispuestos a brindarte toda la asesoría que necesites.

Tal vez descubras que, al ir quitando tus problemas, van apareciendo otros nuevos; por lo tanto, la liberación debe ser un ejercicio que se practique día tras día.

Puede ser que algunos puntos que tú ya considerabas liberados vuelvan a aparecer, posiblemente bajo formas nuevas. No te desanimes. Si te has sentido indigno toda tu vida, no es realista liberarte en una sola sesión. Sé amante y paciente contigo mismo.

Cuando nos desprendemos de la negatividad, liberamos energía que se puede aprovechar más productivamente; así podemos recibir la sabiduría y el amor que los ángeles nos traen.

FORMAS DE LIBERAR:

LIBERACIÓN A TRAVÉS DE LA RESPIRACIÓN

Inhala profundamente y, cuando exhales, hazlo con la conciencia de que estás dejando que se vaya aquello que vas a liberar. Hazlo varias veces: inhala luz y exhala negatividad.

LIBERACIÓN POR TIERRA

Visualiza las raíces de cimentación y respira hondo. Al inhalar, extrae energía desde el centro de la Tierra; al exhalar, envía, a través de tus raíces, toda tu negatividad hasta el centro de la Tierra. Pide a la Madre Tierra que transforme esta energía negativa en positiva y agradécele su ayuda.

LIBERACIÓN POR AGUA

Existen dos maneras de liberar por agua. La primera es mientras te bañas, tomando conciencia de aquello que quieres liberar y llevándolo a la superficie de tu piel; siente cómo el agua cae sobre ti y limpia la negatividad.

La segunda es visualizándote debajo de una cascada (hazlo físicamente si tienes oportunidad); lleva lo que quieres liberar a tu piel y siente cómo el agua que va cayendo sobre de ti se lleva la negatividad y te deja limpio.

LIBERACIÓN POR FUEGO

Escribe en un papel, de la manera más detallada que puedas, aquello que deseas liberar. Después prende fuego al papel y observa cómo se consume. Mientras el papel se va quemando, siente cómo todo aquello que deseabas liberar sale de tu mente y de tu corazón y se va al universo, donde será transformado en una energía más positiva.

LIBERACIÓN POR CICLOS LUNARES

La luna llena nos asiste en la liberación, así que sal al exterior y entrégale aquello que deseas liberar. Agradécele su ayuda.

LIBERACIÓN CON LA AYUDA DE TUS ÁNGELES

Haz una visualización, entrega tus problemas a tus ángeles y pídeles su ayuda para encontrar la mejor solución para resolverlos.

EJERCICIO

• • • • • • • • • • • •

LIBERACIÓN CON LA AYUDA DE TUS ÁNGELES

Busca un lugar donde puedas estar en paz y en completa quietud, adopta una posición que te resulte cómoda y cierra los ojos.

1. Haz una respiración profunda y concéntrate en tu ritmo respiratorio, haciéndolo cada vez más lento y de manera más consciente.

2. Vuelve a inhalar profundamente y, esta vez, centra la atención en tu cuerpo. Empieza por tu cabeza y ve bajando la atención por tu cuello, hombros, brazos, manos, torso, glúteos, piernas y pies.

3. Ahora centra la atención en tu cuerpo energético, sintiendo la energía. Enfócate en tu primer centro de energía, el chakra de la raíz, de color rojo y ubicado a la altura del coxis.

4. Visualiza cómo de tu chakra de la raíz sale un rayo de luz que baja y te conecta con el centro de la Tierra.

5. Permite que este rayo se enganche y suba con mayor intensidad hasta tu primer chakra. Siente y observa cómo ilumina tu primer chakra, lo limpia y lo hace girar.

6. Continúa hacia arriba, al segundo y tercer chakra, iluminándolos, expandiéndolos y haciéndolos girar.

7. Sube la energía hasta tu corazón, haz una respiración profunda y, al exhalar, pon tu corazón en el aquí y el ahora de este encuentro con tus ángeles, en este ejercicio de liberación.

8. Continúa subiendo la energía por tus tres chakras superiores, iluminándolos, expandiéndolos y haciéndolos girar.

9. Permite que el rayo de luz salga disparado de tu coronilla, conectándote con el cielo.

10. Toma ahora un par de respiraciones profundas, extrayendo energía desde el cielo hasta tu corazón, permitiendo que se ilumine e irradie luz divina.

11. Observa en el horizonte una esfera de luz que viene hacia ti; conforme se va acercando, va cambiando de forma y se va convirtiendo en un ángel. Obsérvala mientras llega y permítele que se detenga frente a ti. ¿Cómo es y cuáles son sus características físicas? Coloca las palmas de tus manos hacia arriba y siente la energía de tu ángel. Escúchalo y pídele que te dé un mensaje; abre tu mente, tu corazón y tus oídos para recibirlo.

12. Pide a tu ángel que te muestre cuáles son los aspectos que necesitas liberar, aquellos que están deteniendo o bloqueando tu crecimiento personal o espiritual. Cuáles son aquellos aspectos que te están alejando de tu felicidad y, simplemente, hazte consciente de ellos.

13. Tu ángel trae en sus manos una caja y te pide que empieces a colocar en ella todo aquello que estás listo para soltar y liberar. Ve colocando estos aspectos de uno en uno en la caja, tomando conciencia de cada uno de ellos.

14. Una vez que hayas terminado, permite que tu ángel cierre la caja y observa cómo se la lleva al universo para ser transformada.

15. Al ver a tu ángel marcharse con la caja, siente cómo te vas desprendiendo de cada uno de estos aspectos y cómo salen de tu sistema energético.

16. Espera a que tu ángel regrese y abre las manos; tu ángel te trae un regalo. Observa qué es y escucha a tu ángel, quien tiene un importante mensaje que darte.

17. Agradece a tu ángel su amorosa presencia. Llegó la hora de despedirte y permitir que tu ángel se retire. Observa cómo se empieza a alejar, convirtiéndose nuevamente en una esfera de luz que va perdiéndose en el horizonte.

18. Poco a poco regresa a tu cuerpo, al lugar donde te encuentras físicamente, y hazte consciente de tu respiración y de tu cuerpo. Empieza a mover lentamente tus manos y pies, respira profundamente y, cuando estés listo, abre los ojos.

CAPÍTULO III

RECORDANDO QUIÉNES SOMOS

¿QUIÉN ES EL HOMBRE?

Los hombres somos, ante todo, seres espirituales. Almas que decidimos regresar a la Tierra y encarnarnos en un cuerpo humano para poder continuar nuestro crecimiento.

Somos ángeles en proceso; almas que vamos evolucionando de acuerdo con los aprendizajes que obtenemos a través de las diferentes vivencias que experimentamos. Vamos creciendo y nos vamos dando cuenta de quiénes somos en realidad. Vamos descubriendo nuestra naturaleza divina, nuestra semejanza con Dios.

Vamos descubriendo que somos parte de su creación y que nada creado por Él puede ser imperfecto. De acuerdo con el aprendizaje que hemos venido a obtener en esta vida, nos fue dado un cuerpo humano, con características específicas que nos permiten obtener dicho aprendizaje. Esto nos vuelve seres perfectos, ya que en nuestra supuesta «imperfección» está nuestro crecimiento.

Vamos despertando nuestra luz divina, aprendiendo a ser admiradores de la creación de Dios y a ver que Dios existe en cada uno de nosotros a través de su luz. Pero también somos humanidad, y mientras continuemos habitando un cuerpo físico, nuestro deber es honrar y respetar nuestra condición humana. También debemos entender que somos proceso, no un producto terminado y que, en determinadas circunstancias, debemos observarnos a nosotros mismos con compasión, pensando que siempre hacemos nuestro mejor esfuerzo y que estamos en una fase de aprendizaje.

EJERCICIO
· · · · · · · · · · · · ·

ERES LUZ

Busca un lugar donde puedas estar en paz y en completa quietud, adopta una posición que te resulte cómoda y cierra los ojos.

1. Respira profundamente y concéntrate en tu ritmo respiratorio, haciéndolo cada vez más lento y de manera más consciente.

2. Vuelve a inhalar profundamente y, esta vez, centra la atención en tu cuerpo. Empieza por la cabeza y ve bajando la atención por tu cuello, hombros, brazos, manos, torso, glúteos, piernas y pies.

3. Ahora centra tu atención en tu cuerpo energético, sintiendo la energía. Enfócate en tu primer centro de energía, el chakra de la raíz, de color rojo, ubicado a la altura del coxis.

4. Visualiza cómo de tu chakra de la raíz sale un rayo de luz que baja y te conecta con el centro de la Tierra.

5. Permite que este rayo se enganche y suba con mayor intensidad hasta tu primer chakra. Siente y observa cómo ilumina tu primer chakra, lo limpia y lo hace girar.

6. Continúa hacia arriba, al segundo y tercer chakra, iluminándolos, expandiéndolos y haciéndolos girar.

7. Sube la energía hasta tu corazón; respira hondo y, al exhalar, pon tu corazón en el aquí y el ahora, para contactar con tu luz divina.

8. Continúa subiendo la energía por tus tres chakras superiores, iluminándolos, expandiéndolos y haciéndolos girar.

9. Permite que el rayo de luz salga disparado de tu coronilla, conectándote ahora con el cielo.

10. Sigue respirando profundamente y permite que un rayo de luz divina baje, entrando por tu coronilla y llegando hasta tu corazón.

11. Permite que esta luz divina vaya llenando tu corazón; siente esta luz y deléitate en ella. Deja que vaya creciendo, haciéndose cada vez más grande, hasta que abarque por completo tu corazón y la empieces a irradiar hacia el resto de tu cuerpo.

12. Ahora permite que la luz vaya llenando todo tu cuerpo físico y tu campo áurico. Observa cómo tu cuerpo energético se expande y se ilumina.

13. Cuando te sientas pleno de esta luz, repite para ti mismo: «Cuando permito que Dios viva en mí, no hay espacio para

el miedo. Cuando la luz de Dios vive en mí soy fuerte, soy amoroso, soy grande». Ahora haz tus propias afirmaciones: «Cuando la luz de Dios vive en mi, soy _____».

14. Irradia esta luz y compártela con aquellos que te rodean.

15. A tu tiempo, cuando quieras regresar, empieza a bajar la intensidad de la luz y entra en contacto con tu cuerpo físico.

16. Poco a poco, regresa al lugar donde te encuentras físicamente, haciéndote consciente de tu respiración y de tu cuerpo. Empieza a mover lentamente tus manos y tus pies; respira hondo y, cuando estés listo, abre los ojos.

TRES NIVELES DE CONCIENCIA: SER INFERIOR, SER SUPERIOR Y EGO

Conforme hemos ido evolucionando como almas, también hemos adquirido una conciencia más elevada. Para efectos prácticos y de entendimiento, vamos a dividir la conciencia en tres niveles: ser inferior, ego o máscara y ser superior.

SER INFERIOR

Todos tenemos un ser inferior; no hay quien se salve de este hecho. En muchas ocasiones este ser inferior es el que nos hace *sobrerreaccionar* o actuar impulsivamente, la mayoría de las veces de una forma negativa.

En el ser inferior se encuentran los instintos de muerte y destrucción: Tánatos y Eros, según Freud; es decir, sentimientos, pensamientos y deseos de muy baja densidad (violencia, agresividad, odio, envidia, deseos de venganza, etcétera).

Conforme vamos creciendo personal y espiritualmente, nos vamos dando cuenta de que tenemos la opción de elegir desde dónde queremos actuar o reaccionar, y es más fácil observar cuándo un sentimiento viene desde el ser inferior y, a través de la conciencia y la voluntad, transformarlo en algo más positivo.

EGO O MÁSCARA

El ego en el mundo espiritual tiene muy mala fama, pues se cree que nos bloquea y no nos permite avanzar, por lo que hay que eliminarlo, quitarlo o arrancarlo de nuestro sistema. Sin embargo, esta idea es totalmente falsa. No podemos deshacernos del ego, porque forma parte de nuestra esencia y porque tiene una función positiva en nuestras vidas.

FUNCIONES POSITIVAS DEL EGO

En el ego se encuentran los introyectos o «deberías», que son todas aquellas reglas o normas sociales que aprendimos de niños y que fueron enseñadas por nuestros padres, abuelos, escuelas…, en fin, por el entorno.

Estos «deberías» son los que nos han permitido vivir en sociedad de manera civilizada durante siglos, y si bien hay algunos introyectos que nos estorban en nuestro crecimiento como seres humanos y que deben ser cuestionados y actualizados desde la óptica de la conciencia, otros nos permiten seguir conviviendo de manera sana en lo que terminamos de dar el salto cuántico hacia una sociedad enfocada en el ser superior.

El ego actúa desde el miedo. Ante el miedo, los seres humanos reaccionamos de dos maneras diferentes: buscamos protección o nos paralizamos. Por ejemplo, ante situaciones que pueden resultar amenazadoras para nuestra integridad, el ego actúa de una forma positiva al ayudarnos a buscar mecanismos sanos de protección.

FUNCIONES NEGATIVAS DEL EGO

En su parte negativa, el ego actúa de dos maneras diferentes: o nos aplasta o nos engrandece; la constante en ambos casos es que nos muestra una realidad poco objetiva y distorsionada.

Ego aplastante: es autoexigente y autocrítico. Nos regaña y nos juzga, dejándonos con la sensación de poca valía, de culpabilidad y de no ser lo bastante buenos.

Ego enaltecedor: nos halaga, busca los errores de otros y nos hace sentir superiores a los demás.

En ambos casos el ego, en su fase negativa, nos paraliza. El primero no nos permite avanzar en nuestro crecimiento, haciéndonos sentir que no somos merecedores de nada bueno, mientras que el ego enaltecedor nos vuelve soberbios, impidiéndonos crecer a través de nuestras experiencias.

Si queremos avanzar, la mejor forma de hacerlo es poniendo al ego de nuestro lado. Para lograrlo es necesario escucharlo y entender la razón o razones de que nos bloquee, pues es mejor convertirlo en nuestro aliado que en nuestro enemigo.

SER SUPERIOR

El ser superior es aquel que alberga nuestra sabiduría interior. Aquí habita nuestra conciencia y la capacidad de vivir siendo observadores y cocreadores de nuestra propia existencia. También es el lugar donde encuentra la conexión con Dios y la certeza de nuestra naturaleza divina.

Es a través del ser superior que nos comunicamos con los ángeles y los arcángeles. Cuando entramos en meditación profunda, contactamos con nuestro ser superior y es posible abrirnos a la posibilidad de una realidad de mayor plenitud.

El ser superior se ocupa de generar situaciones en las que nos potencialicemos, recordándonos constantemente quiénes somos y por qué estamos en esta realidad, así como también que tenemos talentos y habilidades para mejorar nuestro entorno inmediato y, con esto, aportar algo positivo a la humanidad.

El ser superior entiende el mundo desde el corazón, es empático y sabe que cada cual tiene una historia y actúa desde ella, por lo que es compasivo.

En la medida en que más seres humanos estemos viviendo en esta conciencia superior (donde se busca un beneficio personal al mismo tiempo que el bienestar común), menos necesitaremos de factores externos que nos regulen (normas, «deberías», introyectos, etcétera). Pasar del ego al ser superior tiene que ver con el despertar de conciencia.

EJERCICIO

CONVIRTIENDO AL EGO EN TU AMIGO

Busca un lugar donde puedas estar en paz y en completa quietud, adopta una posición que te resulte cómoda y cierra los ojos.

1. Respira profundamente y concéntrate en tu ritmo respiratorio, haciéndolo cada vez más lento y de manera más consciente.

2. Vuelve a inhalar hondo y, esta vez, centra la atención en tu cuerpo. Empieza por la cabeza y ve bajando la atención por tu cuello, hombros, brazos, manos, torso, glúteos, piernas y pies.

3. Entra en contacto con tu ego. Imagina en qué parte de tu cuerpo se encuentra y trata de sentirlo. Quédate en la sensación y empieza a darle una forma.

4. Una vez que tengas ubicado a tu ego, imagina que sale de tu cuerpo y se coloca frente a ti. Continúa dándole una forma, deja que tome su propia personalidad y permítele que se convierta en una persona, personaje o animal. Déjalo hablar y que te diga lo que suele decir. Presta atención y toma conciencia de cada palabra que escuches (por muy dolorosa que sea).

5. Cuando haya terminado de hablar, dile lo siguiente: «Ego, hasta este momento te he escuchado y tus palabras han tenido un gran poder sobre mí. En muchas ocasiones me han paralizado, no me han dejado crecer, me han bloqueado. Sin embargo, a partir de este momento yo elijo empezar a vivir desde el ser superior. Te acepto como una parte mía y te amo». Al terminar de decir lo anterior, respira profundamente y envíale luz desde tu corazón; no dejes de observar qué le sucede al ego cuando lo haces. Repite: «A partir de este momento las decisiones las tomo yo. A partir de ahora, no caminarás frente a mí, estorbándome, sino a mi lado, protegiéndome». Observa cómo el ego toma su lugar a tu lado. Repite: «Te escucharé y, cuando yo lo crea pertinente, tomaré acciones que nos brinden algún tipo de protección. Pero ahora las decisiones las tomaré desde un lugar mucho más sabio».

6. Obsérvate a ti mismo junto con el ego. ¿Cómo te sientes ante esta nueva situación? ¿Hay algún cambio en tus sensaciones internas?

7. Regresa a ti, a tu cuerpo, a tu respiración. Mueve las manos y los pies y, cuando estés listo, abre los ojos.

LA INTUICIÓN COMO UN SEXTo SENTiDO

Según el Diccionario del Español Moderno, la palabra «intuir» significa 'percibir clara e instantáneamente una idea'.

Los ángeles se comunican con nosotros de muchas maneras. En ocasiones nos envían señales que podemos percibir con nuestros cinco sentidos, mientras que otras veces lo hacen a través de nuestra imaginación, pensamientos, sensaciones, sentimientos, etcétera. A esta comunicación tan sutil, que a veces se confunde con casualidades y coincidencias, se le llama «intuición».

La intuición no es un misterioso sexto sentido ni un don especial de unas cuantas personas; la intuición es un sentido que todos tenemos, y la única diferencia es que unos lo desarrollamos más que otros. Todos nacimos con capacidades intuitivas y los principales motivos por los que atrofiamos la intuición son:

- No haber sido validados en nuestra inteligencia intuitiva durante los primeros años de la infancia. Situaciones como:
  —Mamá, hay un señor en la habitación.
  —No, hijo mío, seguro te lo estás imaginando; yo no veo nada.
  En realidad, la madre se está muriendo de miedo y prefiere ignorar la existencia de la entidad.

- Poner demasiada atención a la mente lógica. Tratar de encontrar una razón que explique todo lo que nos sucede, incluso situaciones que no tienen explicación.

- Estar en las preocupaciones de los chakras inferiores, de tal manera que no interesa abrir los canales intuitivos para comunicarse con los ángeles. Esto se da, por ejemplo, en personas muy materialistas, que se distinguen por su adicción al trabajo o por estar muy enfocadas en el cuerpo físico.

La intuición se siente, es una información que se da, por lo que cuando alguien nos pregunta cómo sabemos lo que intuimos, nos cuesta explicarlo. La intuición es, por así decirlo, información que nos llega en el momento adecuado. Si escucháramos a nuestra intuición y la siguiéramos, nuestra vida sería mucho más fácil.

Los ángeles y Dios utilizan nuestra intuición para guiarnos en nuestra vida cotidiana. Cuando sientas en el fondo de tu corazón que el mensaje intuitivo es correcto, no dudes en seguirlo, porque seguramente será algo muy bueno para ti y quienes te rodean.

La intuición se percibe a través de cuatro canales: la clarividencia, la clariaudiencia, la clarisensibilidad y el clariconocimiento.

CLARIVIDENCIA

Se refiere a ver, por lo que se trata de visiones o visualizaciones de los ángeles dentro o fuera de nuestra cabeza, es decir, con los ojos físicos o a través del tercer ojo.

Con los ojos físicos los vemos como manchas traslúcidas, *flashes* de luz, espirales, esferas de luz, etcétera.

Con el tercer ojo se los puede ver como ángeles (la figura con la que tradicionalmente se los conoce), energía, viejos amigos, etcétera.

A veces también los vemos en sueños.

Para lograr ver a los ángeles con el tercer ojo, solamente necesitamos tener la intención de hacerlo, elevar nuestro cuerpo energético y sostener un estado meditativo, relajado, en total control sobre el pensamiento y con el corazón abierto.

Cuando vemos a los ángeles a través del tercer ojo, no estamos «alucinando»; los ángeles utilizan el ojo de nuestra imaginación para entrar en nuestras vidas. El hecho de que la imagen sea proyectada dentro de nuestra cabeza no quiere decir que sea irreal o imaginada. Es normal que al principio dudemos de este tipo de imágenes, por lo que solo hay que pedir a nuestro ángel que nos confirme lo que estamos recibiendo. Después de un tiempo, recibir imágenes y confiar en ellas será una situación natural.

Ver a los ángeles sin tanto esfuerzo y de una manera más natural y cotidiana se da con la práctica y la conciencia de su existencia entre nosotros.

CLARIAUDIENCIA

Al igual que en la clarividencia, los mensajes se reciben dentro o fuera de nuestra cabeza; es decir, los podemos escuchar como si fueran nuestra propia voz en el interior o como una voz externa y, muy posiblemente, diferente a la nuestra.

Sabemos que son los ángeles y no nuestra imaginación porque nos hablan en tercera persona o en plural; no dicen «yo», sino «tú» o «nosotros». Normalmente los mensajes de los ángeles son muy positivos o motivadores, llenándonos de energía, amor y paz interior.

A los ángeles los escuchamos de las siguientes maneras:

- Palabras aisladas o mensajes completos y estructurados.
- A través de la música, ya sea música celestial o una canción que se escucha o en la que se piensa constantemente y que, si se analiza, trae un mensaje para nosotros.
- Cuando escuchamos ruidos como campanitas en el oído.

• A veces los ángeles utilizan la voz de terceras personas para llegar a nosotros; en muchas ocasiones, de niños que están a nuestro alrededor.

Dios y los ángeles siempre responden a nuestras preguntas e inquietudes. Cuando preguntes, solo abre tus oídos y tu corazón y confía; verás que obtienes una respuesta.

A los ángeles, al igual que a las personas con las que interactuamos diariamente, les podemos pedir que nos hablen más fuerte, que nos hablen más suave, que dejen de hacer ruido o que se identifiquen.

CLARISENSIBILIDAD

Se refiere básicamente a sentir, a estar en contacto con nuestras sensaciones corporales, que son las que nos van a indicar el mensaje que nuestros ángeles nos quieren transmitir.

El principal problema con la clarisensibilidad es que, como un factor social, nos desensibilizamos; esto quiere decir que dejamos de estar en contacto con nuestro cuerpo y nuestras sensaciones. Lo primero que tenemos que hacer para tener este tipo de contacto es retomar la relación con nuestro cuerpo y estar en contacto con él.

Cómo saber cuándo se manifiesta nuestro ángel:

• Al sentir su presencia a través de nuestros propios sentimientos. Por ejemplo, sentir mucha paz o percibir nuestro corazón rebosante de amor.
• Al sentir la energía de los ángeles cerca de nosotros. Esto sucede cuando meditamos con las palmas de las manos hacia arriba.
• Al sentir un abrazo amoroso y cálido, como si nos rodearan con sus alas. No lo dudes, ¡lo están haciendo!

- Al sentir cambios de temperatura o de presión en el aire. Por ejemplo, cuando el arcángel Miguel está presente, se siente mucho calor; cuando es el arcángel Rafael el que se acerca, se siente un ligero soplido de aire en la cara.
- Al sentir que tocan alguna parte de nuestro cuerpo (la cabeza, los hombros, etcétera).
- Con un aroma agradable, como flores, dulces, etcétera.

Por cierto, de esta forma también se pueden contactar espíritus; la diferencia radica en el sentimiento durante y después del encuentro. Mientras que los encuentros con los ángeles siempre nos dejan llenos de amor y de paz, los encuentros con espíritus pueden dejarnos una sensación de frío, miedo y angustia. Para que esto no suceda, contacta al arcángel Miguel y pídele que te proteja de otras entidades de más baja vibración.

CLARICONOCIMIENTO

Las experiencias con los ángeles contienen ideas, revelaciones o pensamientos. Suelen ser ideas o pensamientos que surgen de la nada y como respuesta a una plegaria, y en muchas ocasiones vienen acompañados de la frase «¡Cómo no se me había ocurrido antes!».

Los ángeles se expresan a través del conocimiento de las siguientes maneras:

- Ideas que surgen en tu cabeza súbitamente, como solución a un problema.
- Tener información en tu cabeza que no sabes cómo surgió o cómo la adquiriste.
- Tener conocimiento espontáneo de eventos que están sucediendo en ese momento, sin tener un contacto tangible con el evento.
- Ideas específicas sobre cómo llevar a cabo una acción.

El clariconocimiento divino es repetitivo y constante, y siempre en tono positivo, señalando la forma en que puedes mejorar tu vida y la de otras personas.

DESARROLLANDO LOS CANALES INTUITIVOS

Al ser la intuición un sentido que no ha sido validado y utilizado como los otros cinco, es importante tener paciencia.

Aprender a abrir nuestros canales intuitivos es como ir en bicicleta. ¿Recuerdas cuántas veces intentaste ir en bici antes de lograrlo? Seguramente las primeras veces te fue difícil coordinar el movimiento de tus pies para echarla a rodar; quizá necesitaste unas pequeñas ruedas durante un tiempo, y más probable es que te cayeras y te hicieras un par de magulladuras, hasta que un buen día lo lograste, tomaste velocidad y hasta soltaste el manillar levantando los brazos en el aire en señal de triunfo. Todo es cuestión de práctica. No te desesperes; si las primeras veces no lo logras o recibes poquito, no quiere decir que no lo vayas a conseguir.

Hay que tener algo muy presente: no todos recibimos los mensajes de la misma manera. Algunos somos más clarividentes que claricognitivos; otros, más clarisensibles; algunos, más clariauditivos.

Solemos tener uno o dos canales más desarrollados que los demás, por lo que será más fácil que recibas los mensajes de tus ángeles a través de ellos. Esto no quiere decir que no puedas desarrollar los canales que se te hacen más difíciles; simplemente lo irás haciendo, como ya he comentado, con la práctica constante.

IMAGINACIÓN CONTRA INTUICIÓN

Mis alumnos me preguntan todo el tiempo cómo pueden diferenciar la intuición de la imaginación. La forma más efectiva de hacerlo es dándole tiempo a la respuesta, es decir, permitiendo que el contenido del mensaje hable por sí mismo y que sea la vida la que lo confirme.

Observo constantemente que mis alumnos terminan de confiar cuando reciben información para otras personas que no conocen. Al corroborar la información que reciben con el destinatario del mensaje, se sorprenden y, entonces, confían.

Cuando me hacen esta pregunta suelo responder: «Si aquello que estás recibiendo, ya sea de tus ángeles o de tu imaginación, te hace bien, es un mensaje positivo, te energetiza y te mueve hacia la plenitud, entonces síguelo, sin importar de dónde viene; después de todo, los ángeles utilizan nuestra imaginación para comunicarse con nosotros».

EJERCICIO
·············

OBSERVANDO TUS CANALES INTUITIVOS

Vuelve a repetir el primer ejercicio del libro, la meditación del encuentro con tu ángel.

Al finalizarlo, responde a las siguientes preguntas:

1. ¿Pudiste ver con claridad a tu ángel? ¿Cómo lo viste: con tus ojos físicos o con tu tercer ojo? ¿Qué características viste en él? ¿Lo puedes describir?

2. ¿Qué sentimientos o sensaciones surgieron en ti al ver a tu ángel? ¿Sentiste su energía en la palma de tus manos? ¿Tuviste alguna otra sensación externa durante el tiempo de contacto con tu ángel?

3. ¿Escuchaste a tu ángel? ¿Qué fue lo que escuchaste? ¿Puedes reconocer algunas palabras que hayas escuchado? ¿Lo escuchaste

dentro o fuera de tu cabeza? ¿Cómo te hablaba tu ángel? ¿Escuchaste algo más durante la meditación?

4. ¿Qué ideas surgieron durante la meditación? ¿Tuviste algún pensamiento espontáneo que te sorprendiera?

Una vez que hayas contestado el cuestionario, observa cuál de los cuatro canales intuitivos te resulta más sencillo y cuál se te hace más difícil.

Una vez que tengas conciencia de tus habilidades intuitivas, te será mucho más fácil contactar con tus ángeles.

CAPÍTULO IV
INVOCANDO A LOS ÁNGELES

Para invocar a los ángeles no necesitas de grandes rituales, velas, bolas de cristal, cartas o algún otro tipo de accesorio. Tampoco necesitas aprender una oración única de invocación que funcione como llave o conjuro para ponerte en contacto con ellos.

Recuerda que tus ángeles han estado contigo desde el momento en que decidiste regresar a la Tierra; ellos te conocen mejor que nadie, te han visto en los buenos y en los malos momentos, cuando has estado feliz y enfadado, cuando has hecho el bien y también cuando has obrado desde tu ser inferior. Aun así, TUS ÁNGELES TE AMAN INCONDICIONALMENTE.

Tus ángeles están contigo con un único objetivo: ayudarte a atravesar por este proceso al que llamamos «vida». Ayudarte a aprender tus lecciones; ayudarte a llevar a cabo tu misión de vida; ayudarte en los pequeños detalles cotidianos; ayudarte a encontrar la paz y a construir un mundo de amor. Y, lo más importante, vienen a ayudarte a recordar quién eres y a qué viniste.

Sin embargo, tus ángeles no pueden ayudarte a menos que tú lo pidas expresamente. Ellos son muy respetuosos con nuestro libre albedrío y solo pueden interactuar con nosotros, sin nuestro consentimiento, cuando estamos en situaciones de grave peligro.

Tus ángeles han estado observándote, te han visto caer y levantarte muchas veces, y no pueden hacer nada por ti hasta que tú lo pidas de forma consciente. Te han estado mandando señales de su existencia; quizá algunas las has visto pero has preferido ignorarlas, y a lo mejor a otras ni siquiera les has puesto atención.

Tus ángeles han estado esperando durante décadas este momento; el momento en el que finalmente te abres y les dices: «Ayudadme». En ese momento, estarán listos para hacerlo.

Es por eso que, cuando decidas invocar a tus ángeles, solamente necesitarás mantener en tu corazón la intención de hacerlo, y desde ahí hablar con ellos como si hablaras con tus amigos más íntimos.

Para invocar a los ángeles hay cuatro cosas que se deben hacer:

1. **Mantener la intención.** Sea cual sea tu razón para querer contactar a tus ángeles, solamente mantén la intención de abrirte a su presencia.

2. **Abrir tu corazón.** Recuerda que ni los ángeles ni sus mensajes se reciben con la razón, sino con el alma.

3. **Estar atento a lo que suceda.** Recuerda que los mensajes de los ángeles pueden llegar de muchas maneras: a través de los cinco sentidos tradicionales o de tus canales intuitivos. Convertirte en observador, abriendo bien los ojos y poniendo atención, es fundamental.

4. **Confiar.** El ego volverá a estar atento para decir que eso que sucedió no fue real, que solamente fue una coincidencia, que los ángeles no se comunican con los humanos, etcétera. ¡CONFÍA EN EL MENSAJE QUE RECIBISTE! Sea cual sea el medio que utilizaron para hacerte saber que están contigo, si en el momento en que recibiste el mensaje creíste que había sido de un ángel, seguramente así fue.

Cuando invocamos a nuestros ángeles y sentimos su cercanía y amor incondicional, nos damos cuenta de que no estamos solos y de que nunca lo hemos estado. Perdemos la sensación de aislamiento y nos sentimos apoyados, protegidos, guiados y amados profundamente.

FORMAS EN QUE LOS ÁNGELES SE MANIFIESTAN

Los ángeles se nos presentan y se comunican con nosotros en infinidad de formas. Nos dejan sentir su presencia sutil de mil maneras diferentes y hasta en los momentos más inesperados.

Sin embargo, la mejor forma de recibir el mensaje de los ángeles es sintiéndonos relajados y en paz. Cuando esperamos contactarlos desde un estado de ansiedad, lo hacemos desde el miedo, y así será difícil ver con claridad lo que estamos recibiendo.

Cuando recibas mensajes de tus ángeles, sea cual fuere la forma en que se te entreguen, acepta con gratitud lo que recibes. No critiques ni juzgues lo que aparezca, porque con eso cerrarás tu corazón y bloquearás la comunicación. Cuando aceptas, te abres, y cuando estás abierto es mucho más probable que entiendas con claridad lo que te quieren hacer llegar.

Si recibes algo que no entiendes, no lo deseches; guárdalo y deja pasar un par de semanas. Con el paso del tiempo, es posible que el mensaje cobre significado para ti.

A continuación te presento algunas de las formas en que los ángeles se han manifestado en mi vida:

MEDiTACIONES, CONVERSACIONES

Una vez que te abras a tus ángeles, te darás cuenta de lo fácil que es hablar con ellos. Para hacerlo no necesitas meditar durante veinte años en la cima de una montaña; basta con relajarte un momento, respirar hondo, subir tu frecuencia energética, centrarte y abrirte para recibir.

Cuando quieras que te aclaren algo o te guíen sobre algún tema en particular, pide y espera su respuesta.

Con la práctica verás que esta comunicación se vuelve parte de tu vida cotidiana y podrás escuchar a tus ángeles no solo en el tiempo de meditación, sino en cualquier momento en el que lo necesites.

Recomiendo encarecidamente que la meditación y la interacción con tus ángeles se vuelvan parte de tu vida cotidiana. Al adquirir este hábito, verás que vas obteniendo más confianza en ti mismo, en la vida, en los ángeles y en Dios.

Es bueno tener un espacio físico que utilices para este fin. No tiene que ser una habitación completa, a veces puede ser un simple rincón de tu habitación.

EJERCICIO
•••••••••••••

CONVERSANDO CON MIS ÁNGELES

En tu espacio de meditación, busca un momento en el que puedas estar a solas y sin interrupciones. Adopta una posición que te resulte cómoda.

1. Respira profundamente, tomando conciencia de tu cuerpo físico. Empieza por tu cabeza y baja la atención por tu cuello, hombros, brazos, manos, espalda, pecho, cintura, abdomen, cadera, glúteos, piernas y pies.

2. Toma conciencia de tu cuerpo energético, de tu campo áurico y de tus chakras.

3. Centra tu atención en el primer chakra, arraigándote a través de un rayo de luz que baja hasta el centro de la Tierra.

4. Permite que ese rayo vuelva a subir con toda intensidad, llegando al primer chakra. Deja que esta luz pase por los cuatro primeros chakras (raíz, sacro, plexo solar y corazón), limpiándolos, iluminándolos, expandiéndolos y haciéndolos girar.

5. Al llegar al corazón, detente, respira profundamente y, al exhalar, pon tu corazón en el aquí y el ahora, en el encuentro que vas a tener con tu ángel.

6. Termina de subir la energía por tus tres chakras superiores (garganta, tercer ojo y coronilla), limpiándolos, iluminándolos, expandiéndolos y haciéndolos girar.

7. Permite que el rayo de luz salga disparado por tu coronilla y te conecte con el cielo.

8. Al inhalar toma energía del cielo y de la tierra, concéntrala en tu corazón y toma conciencia de cómo se expande.

9. En tu mente, viaja a un lugar hermoso, el que tú elijas. Observa el suelo que estás pisando y visualiza el entorno y los elementos que lo conforman. Mira luego hacia arriba para poder ver el cielo.

10. Observa en el horizonte una esfera de luz que viene hacia a ti. Conforme se va acercando, va cambiando de forma y se va convirtiendo en un ángel. Él es tu ángel.

11. Tómate un momento para observarlo y sentir su energía. Obsérvate a ti mismo: ¿qué sensaciones, pensamientos y sentimientos tienes al estar frente a él?

12. Sostén en tu corazón aquella inquietud sobre la que te gustaría conversar con tu ángel. Cuéntale con tus propias palabras aquello que te está sucediendo y pídele que te ayude en ese tema en particular.

13. Quédate un rato con tu ángel, simplemente observando qué es lo que sucede, poniendo atención a tus cuatro canales intuitivos: lo que ves, lo que sientes, lo que escuchas y lo que piensas.

14. Cuando estés listo para volver, agradece a tu ángel su presencia, su ayuda y su amor incondicional. Despídete de él, observando cómo se convierte una vez más en una esfera de luz y va perdiéndose en el horizonte.

15. Vuelve a observar, en tu imaginación el espacio que seleccionaste para este encuentro: el cielo, el entorno y el suelo, y poco a poco comienza a regresar.

16. Regresa a tu cuerpo y toma conciencia de cada una de sus partes y de tu respiración. Mueve tus manos y tus pies y, cuando estés listo, abre los ojos.

ESCRITURA AUTOMÁTICA

Se llama «escritura automática» al hecho de recibir mensajes de los ángeles por escrito, es decir, como si nos estuvieran dictando el mensaje. Son palabras que fluyen a través de ti, pero que sabes que no son tuyas, y que a veces se diferencian porque el tipo de letra es diferente o algunas palabras no son parte natural de tu vocabulario. Otras veces surge con la necesidad de hacer un dibujo o un gráfico y después llega el mensaje.

El primer mensaje que recibí por escritura automática surgió con la necesidad de dibujar un ángel. Siempre me he considerado poco apta para las artes gráficas, sin embargo, para dibujar este ángel utilicé un estilo puntillista que nunca había usado, ¡y quedó muy bien! Más tarde recibí el mensaje de mi ángel.

Para poner en práctica la escritura automática no necesitas más que un bolígrafo y una hoja de papel. Al igual que en la conversación, es necesario que te relajes un momento, respires hondo, subas tu frecuencia energética, te centres y te abras para recibir.

Si sientes que la escritura automática no fluye a través de ti, puedes empezar por escribir cartas a tus ángeles y, después, esperar la respuesta.

La mayoría de las veces, la escritura automática se recibe en un estado meditativo o de semitrance; esto significa que estás recibiendo pero a la vez eres consciente de lo que estás escribiendo, aunque a mí me suele pasar que, al final, al releer todo el mensaje, siempre me sorprendo de la belleza y la profundidad de las palabras de los ángeles. Sin embargo, hay personas que entran en estados de trance al recibir mensajes en escritura automática, es decir, que escriben sin tener conciencia de qué es lo que están escribiendo.

Recomiendo la escritura automática cuando necesites tratar asuntos profundos con tus ángeles. La ventaja que nos ofrece es que podemos releer los mensajes las veces que queramos y en aquellos momentos en los que necesitemos recrear el amor que los ángeles nos ofrecen. Me ha pasado en repetidas ocasiones que, al releer mensajes recibidos en el pasado, me doy cuenta de que los mensajes de los ángeles no pierden vigencia aunque las circunstancias cambien.

Existirán ocasiones en las que sientas la necesidad de escribir sin haber formulado una pregunta previa o que te despiertes en la madrugada con urgencia de escribir. Cuando así lo sientas, hazlo; probablemente los ángeles quieren darte un mensaje que es importante para ti.

Si te sientes familiarizado con este sistema, te recomiendo que tengas un cuaderno especial para las comunicaciones con tus ángeles.

En la segunda parte de este libro encontrarás mensajes que he recibido de los ángeles y los arcángeles a través de la escritura automática.

EJERCICIO
· · · · · · · · · · · · ·

RECIBIENDO MENSAJES EN ESCRITURA AUTOMÁTICA

En tu espacio de meditación, busca un momento en el que puedas estar a solas y sin interrupciones. Adopta una posición que te resulte cómoda. Ten junto a ti una libreta y un bolígrafo.

1. Respira profundamente, tomando conciencia de tu cuerpo físico. Empieza por tu cabeza y baja la atención por tu cuello,

hombros, brazos, manos, espalda, pecho, cintura, abdomen, cadera, glúteos, piernas y pies.

2. Toma conciencia de tu cuerpo energético, de tu campo áurico y de tus chakras.

3. Centra tu atención en el primer chakra, arraigándote a través de un rayo de luz que baja hasta el centro de la Tierra.

4. Permite que ese rayo vuelva a subir con toda intensidad llegando a tu primer chakra. Deja que esta luz pase por tus cuatro primeros chakras (raíz, sacro, plexo solar y corazón), limpiándolos, iluminándolos, expandiéndolos y haciéndolos girar.

5. Al llegar al corazón, detente, respira hondo y, al exhalar, pon tu corazón en el aquí y el ahora, en el encuentro que vas a tener con tu ángel.

6. Termina de subir la energía por tus tres chakras superiores (garganta, tercer ojo y coronilla), limpiándolos, iluminándolos, expandiéndolos y haciéndolos girar.

7. Permite que el rayo de luz salga disparado por tu coronilla y te conecte con el cielo.

8. Al inhalar, toma energía del cielo y de la tierra, concéntrala en tu corazón y toma conciencia de cómo se expande.

9. Cuando te sientas iluminado y expandido, abre los ojos y comienza a escribirle una carta a tus ángeles. Describe cómo te sientes y enumera aquellos aspectos que te preocupan.

10. En el momento en que sientas el impulso de escribir la respuesta a tu carta, hazlo. Simplemente déjate llevar sin oponer ningún tipo de resistencia.

11. Una vez terminada la carta, cierra los ojos y respira profundamente. Regresa a tu cuerpo, mueve las manos y los pies y, cuando estés listo, abre los ojos.

12. Lee la carta completa. Seguramente te sorprenderás de lo que escribiste.

SUEÑOS

Los ángeles también nos envían mensajes a través de los sueños.

Durante las horas de sueño, resulta muy fácil para ellos interactuar con nosotros, ya que, mientras dormimos, el ego baja su resistencia.

Cuando los ángeles nos entregan un mensaje a través de los sueños, estos suelen ser muy vívidos, hasta el punto de que, cuando uno despierta, tiene la sensación de que sucedieron en realidad. Otras veces no recordamos lo que soñamos, pero amanecemos con una sensación de ligereza y bienestar, con la certeza de haber interactuado con ellos.

A través de los sueños, los ángeles nos enseñan cómo podemos solucionar un problema en particular. En ocasiones podemos soñar con situaciones que nos alivian el corazón y el espíritu; otras veces no recordamos nuestros sueños, pero nos despertamos sintiéndonos más felices y tranquilos, como si nos hubieran quitado una gran carga de encima.

Si deseas soñar con tus ángeles o recibir mensajes a través de tus sueños, no tienes más que pedirles que así sea.

El ejemplo más representativo que tengo de los sueños con ángeles me sucedió en una ocasión en que venía corriendo con un grupo de amigos. Ese día en particular me sentía lenta y pesada, y me estaba quedando rezagada del resto del grupo. Empecé a sentirme frustrada y dije en voz alta: «¿Por qué estoy tan cansada?». Uno de mis amigos corredores me preguntó si me dirigía a él, y mi respuesta fue: «A ti, al universo, a Dios o a quien me quiera contestar».

Esa misma noche tuve un sueño maravilloso, en el que me vi nadando contracorriente en un río y tratando de agarrarme a un árbol sin poder alcanzarlo. En un momento dado, el cansancio me venció y me solté, dejándome llevar río abajo. Tenía miedo e iba sorteando diferentes obstáculos. Caí por una cascada y sentí pánico, pero inmediatamente después empecé a escuchar a todo volumen la canción *Angels* de Robbie Williams (canción que siempre me ha resultado muy significativa). La estrofa que escuchaba era la siguiente:

AND DOWN THE WATERFALL WHEREVER IT MAY TAKE ME I KNOW THAT LIFE WON'T BREAK ME WHEN I COME TO CALL.

Traducción:

Y HACIA ABAJO, POR LA CASCADA, DONDEQUIERA QUE ME LLEVE, SÉ QUE LA VIDA NO ME ARRUINARÁ CUANDO LLEGUE EL MOMENTO.

En ese momento, tanto en el sueño como en la vida real, solté una carcajada (sé que me reí porque después alguien que estaba a mi lado me lo comentó). Entendí que mis ángeles estaban conmigo y que me acompañaban, así que nada malo podía suceder.

Pasada la escena de la cascada, llegaba a un lago precioso, rodeado de vegetación frondosa y en el que me sentía muy feliz.

Entendí que ese sueño era una metáfora y que los ángeles me estaban dando un mensaje de esperanza, en el que me decían que fluyera, que por muy difíciles que fueran mis circunstancias, siempre iban a estar conmigo, y que al final todo se solucionaría.

El sueño en cuestión se convirtió en una guía de vida y hoy, cinco años después, tan solo puedo dar gracias a mis ángeles por haber recibido un mensaje tan claro y lleno de esperanza.

ORÁCULOS

Hoy en día existen en el mercado un sinnúmero de accesorios u oráculos que nos ayudan a «comunicarnos» con los ángeles: cartas, péndulos, tablas de adivinación, entre otras cosas.

En mi experiencia personal, si bien este tipo de comunicación puede resultar divertida y servir como confirmación, no sustituye en ningún momento la comunicación que podemos sostener con los ángeles a través de nuestros canales intuitivos.

Al igual que con otros métodos, debes tener muy clara la intención de comunicarte con tus ángeles y prepararte para ello: relajarte un momento, respirar profundamente, subir tu frecuencia energética, centrarte y abrirte para recibir.

Los oráculos más comunes que existen son:

Cartas. Existen en el mercado mazos de cartas de ángeles y, a diferencia de otros métodos de adivinación, tienen siempre una connotación positiva. A través de las cartas, encontrarás respuestas a tus preguntas, ya sea en el texto, la imagen o el sentimiento que se te presenta al abrirlas. Cuando utilices este método, no te quedes solo con el mensaje directo de la carta; cierra los ojos y pregunta a tus ángeles lo que te están tratando de decir con ella, registrando cualquier pensamiento, sentimiento, sonido o imagen que venga a tu mente.

Péndulos. Sirven para contestar preguntas sencillas. Funcionan a través del movimiento, de modo que si el péndulo se mueve de forma horizontal indicará una respuesta, mientras que si lo hace de forma circular, indicará lo contrario. Para sintonizar las respuestas con tus ángeles, pídeles que te den un «sí» y ve de qué manera se mueve el péndulo; luego, para comprobarlo, pide un «no» Al igual que en las cartas, ábrete a recibir mensajes a través de tus sentidos.

Existe una técnica en la que nuestro propio cuerpo puede funcionar como un péndulo: si te colocas hacia el norte, pídeles a tus ángeles que te den un «sí» y observa hacia dónde se mueve tu cuerpo; haz lo mismo luego para el «no».

Otros métodos adivinatorios. Existen en el mercado diferentes instrumentos para recibir mensajes angélicos, que van desde tablas de adivinación (tipo *ouijas*) hasta programas de ordenador.

SEÑALES

¡A LOS ÁNGELES LES ENCANTA COMUNICARSE CON NOSOTROS A TRAVÉS DE SEÑALES!

Una vez hayas establecido el contacto con tus ángeles, abre bien los ojos; te darás cuenta de que te estarán enviando señales todo el tiempo. Las señales pueden ser tan sencillas como una mariposa o tan complejas como un libro que se abre justo en la página que contiene lo que necesitas saber.

En una ocasión, un gran amigo mío, que vive en Estados Unidos y cuyas iniciales son D. R., al conducir iba pensando en una situación por la que se sentía triste y desesperanzado. Les pidió a los ángeles que le ayudaran y que le mostraran qué necesitaba. En el siguiente semáforo, las placas del coche que tenía delante le dieron la respuesta, ya que simplemente decían «HOPE DR» (Esperanza DR).

Cuando tengas dudas, pide a tus ángeles que te envíen señales que confirmen su mensaje y ábrete para recibirlas. No tienes que buscarlas desesperadamente, ya que cuanto más quieras encontrarlas, menos aparecerán.

No les digas a los ángeles qué señal quieres, pues ellos sabrán cuál enviarte y en qué momento. Las señales de los ángeles aparecerán solas y, cuando lo hagan, no vas a tener la menor duda de que es una señal y de lo que significa. Ellos se encargarán de hacértelo saber.

Hace años, cuando apenabas empezaba mi trabajo como sanadora espiritual, muchas veces me quedaba con la duda sobre si la sanación se había efectuado o no. Recuerdo que, en una ocasión, pedí una confirmación sobre una sesión en la que se había hecho un gran trabajo de transformación; acto seguido vi unas quince mariposas volando una detrás de otra. Esta fue una señal clara de que el proceso de transformación se estaba llevando a cabo.

Los ángeles nos hablan en nuestro propio idioma; recuerda que son nuestros compañeros entrañables, así que no busques el significado de los mensajes fuera de ti. Cuando recibas un mensaje, pregunta: «¿Qué significa para mí esta señal?».

Algunas señales típicas de los ángeles son:

- Ver animales repetidamente: pájaros, mariposas, ardillas, insectos, etcétera.
- Nubes en forma de ángeles. De nuevo, no te esfuerces en encontrarle la forma; cuando veas una nube en forma de ángel bien definida, sabrás que se trata de una señal.
- Plumas que caen del cielo o que te encuentras tiradas en algún lugar.
- Un arcoíris.
- Aromas dulces, que no tienen razón de ser.
- Música celestial, cuando no hay ningún dispositivo encendido.
- *Flashes* y luces de colores.
- Encontrarte con una persona en la que has estado pensando.
- Un libro que se cae de la estantería.

Recuerda que para recibir las señales lo único que necesitas hacer es abrir bien los ojos y confiar en lo que ves. Te darás cuenta de que a lo largo de tu vida has recibido muchas señales de parte de ellos.

ARTE

Los ángeles son grandes inspiradores y, al igual que las personas, se comunican a través del arte. Muchos de mis alumnos han encontrado a través del arte su forma de comunicarse con los ángeles.

Si tú sientes que este puede ser tu caso, solo tienes que tomar un pincel, cerrar los ojos y pedir a tus ángeles que conduzcan tu mano por el lienzo.

De la misma manera, si te sientes inclinado hacia la música o la danza, deja que los ángeles sean tus musas inspiradoras.

Una vez más, prepárate: relájate un momento, respira profundamente, sube tu frecuencia energética, céntrate y ábrete para recibir la inspiración divina.

Leticia, una de mis alumnas, había pintado con acuarela toda su vida; al conocer a sus ángeles quiso poner en práctica lo aprendido, así que les pidió que se mostraran a través de su pintura. Empezó pintando manchas y se sintió decepcionada porque consideraba que no estaba funcionando. No fue hasta que hubo terminado el cuadro que pudo darse cuenta de que los espacios blancos que quedaban formaban hermosas figuras de ángeles.

OTRAS PERSONAS

Los ángeles también utilizan a las personas y sus voces para hablarnos. Solamente piensa en cuántas veces te has sentido con la necesidad de decirle algo a un desconocido, sin tener claro por qué surgía eso en ti. O cuantas veces, de la nada, la persona que menos esperabas te daba el mensaje que justo necesitabas escuchar.

En una ocasión, una de mis alumnas contó en un taller que estaba muy preocupada por su situación financiera, pues necesitaba hacer unos pagos y el dinero que tenía no era suficiente. Venía absorta en sus pensamientos y el mensaje le llegó por medio del guarda de seguridad que vigila el edificio de oficinas en el que trabaja y con el que hasta entonces solo había intercambiado «buenos días» y «buenas tardes». Este le dijo: «Señorita, no se preocupe, ya verá que todo se va a solucionar. Solamente hay que tener fe en Dios». Al escuchar estas palabras, ella sintió que el mensaje venía de sus ángeles y que efectivamente todo iba a ir bien.

En muchas ocasiones, los ángeles nos hablan a través de los niños, sobre todo de los menores de seis años. Esto se debe a que los canales intuitivos de los pequeños aún no están atrofiados y reciben con claridad y naturalidad el mensaje, lo que les permite repetirlo sin cuestionarse si es real o si lo que van a decir es adecuado.

Una pieza clave en el despertar de mi conciencia ha sido la fortuna de tener un hijo con una gran sensibilidad. Cuando tenía unos tres años y empezaba a hablar, yo estaba pasando por un periodo de escepticismo. En realidad, fue un momento en el que el mensaje era que debía llevar mi conocimiento sobre los ángeles a otro nivel, pero mi ego estaba presentando una gran resistencia a dar ese paso. Un día, mientras corría, pedí a los ángeles que me tomaran de la mano; al decirlo, inmediatamente sentí que mis manos se calentaban y empezaban a hormiguear: la evidencia estaba ahí, sin embargo, mi ego «metió cucharada» y pasó por mi mente el pensamiento de «Esto no es real, solo me estoy sugestionando». Ese día, cuando fui a por mi hijo a la guardería, mientras lo subía a su sillita del coche, con su vocecita me dijo: «Mami, ¿verdad que los angelitos nos dan la mano?». En ese instante supe que todo era real, que no me había sugestionado y que mis ángeles estaban utilizando a mi hijo para transmitirme el mensaje.

Cuando preguntes a tus ángeles, ábrete a recibir el mensaje de cualquier forma y, si la respuesta viene de la boca de algún familiar tuyo, no te sorprendas.

CAPÍTULO V

LOS ÁNGELES Y EL DESPERTAR
DE CONCIENCIA

Estamos cambiando como humanidad. Nunca antes en la historia de la humanidad se había registrado un momento de tantos cambios como este; cambios que se presentan uno tras otro, sin darnos tiempo de detenernos a procesar e integrar los hechos. Esto está sucediendo, a nivel global, en la economía mundial, los desastres naturales, el terrorismo, la guerra, la hambruna, etcétera, y a nivel personal con enfermedades, divorcios, problemas laborales, entre otros. Pareciera que cada uno de nosotros está viviendo su propio terremoto.

La vida en general se ha acelerado, con la globalización, los alcances de la tecnología y la accesibilidad de la información; nosotros también vamos más rápido, y en esta vorágine, es clara la necesidad del ser humano de aprender a vivir de una forma diferente. Es como si todas las estructuras que heredaron nuestros padres, como la economía, la religión, el matrimonio o los sistemas educativos, que hoy entendemos como vivir en el «deber ser», se estuvieran rompiendo, dejándonos un enorme vacío existencial, cuestionándonos quiénes somos y para qué estamos en este plano, obligándonos a reinventarnos como personas, como sociedad y como humanidad.

Ante estas circunstancias, las globales y las personales, muchos de nosotros nos hemos visto obligados a volver los ojos al cielo y pedir ayuda. Ahí es donde están los ángeles y donde, como mensajeros de Dios, aparecen en nuestra vida generando un cambio; no en lo externo, no en nuestras circunstancias de vida, como quizá muchos de nosotros pedimos, pero sí en lo interno. Un cambio profundo que llega desde nuestros valores, desde nuestra perspectiva sobre la vida, desde nuestra conciencia. A este cambio personal se lo denomina «despertar de conciencia».

El despertar de conciencia es un proceso individual, pues nadie lo puede experimentar por otro. Es un cambio que llega a partir de un profundo desasosiego (sentirse vacío, no lograr ser feliz a pesar de «tenerlo todo», no encontrar sentido a la vida, etcétera) y que va seguido por pequeños instantes en los que se empiezan a vislumbrar experiencias y momentos más intensos y llenos de inspiración; momentos que nos llevan a buscar una felicidad más auténtica, basada en los valores del corazón y en las necesidades más profundas del ser humano.

El despertar de conciencia ocurre cuando estamos alerta y nos damos cuenta de las coincidencias en nuestras vidas. Las sentimos como si fueran destinadas, como si estuviéramos siendo guiados por una fuerza inexplicable que nos hace sentirnos más vivos.

A lo largo de la historia han existido místicos o individuos despiertos conscientemente. Lo que hace que este momento histórico sea único e irrepetible es que estamos despertando uno a uno, sumándonos y convirtiéndolo en un proceso masivo.

Me viene a la mente la imagen de cada uno de nosotros encendiendo su vela interior y, conforme despertamos, vamos iluminando el planeta.

Estamos en un momento crítico de transición como humanidad, pasando de ser una sociedad materialista a ser una sociedad espiritual. Pareciera que en este momento tenemos la opción de vivir en dos realidades: en la vieja realidad materialista, que se está desmoronando y que nos ofrece panoramas poco favorecedores, o en la nueva realidad espiritual, en la cual los ángeles y Dios nos muestran una nueva forma de vivir desde nuestro más alto potencial.

Los ángeles están aquí para ayudarnos a vivir esta transición, a integrar las lecciones que nos van a llevar a descubrir quiénes somos en realidad, nuestra naturaleza divina, y a reencontrar el camino de regreso al que siempre ha sido nuestro hogar.

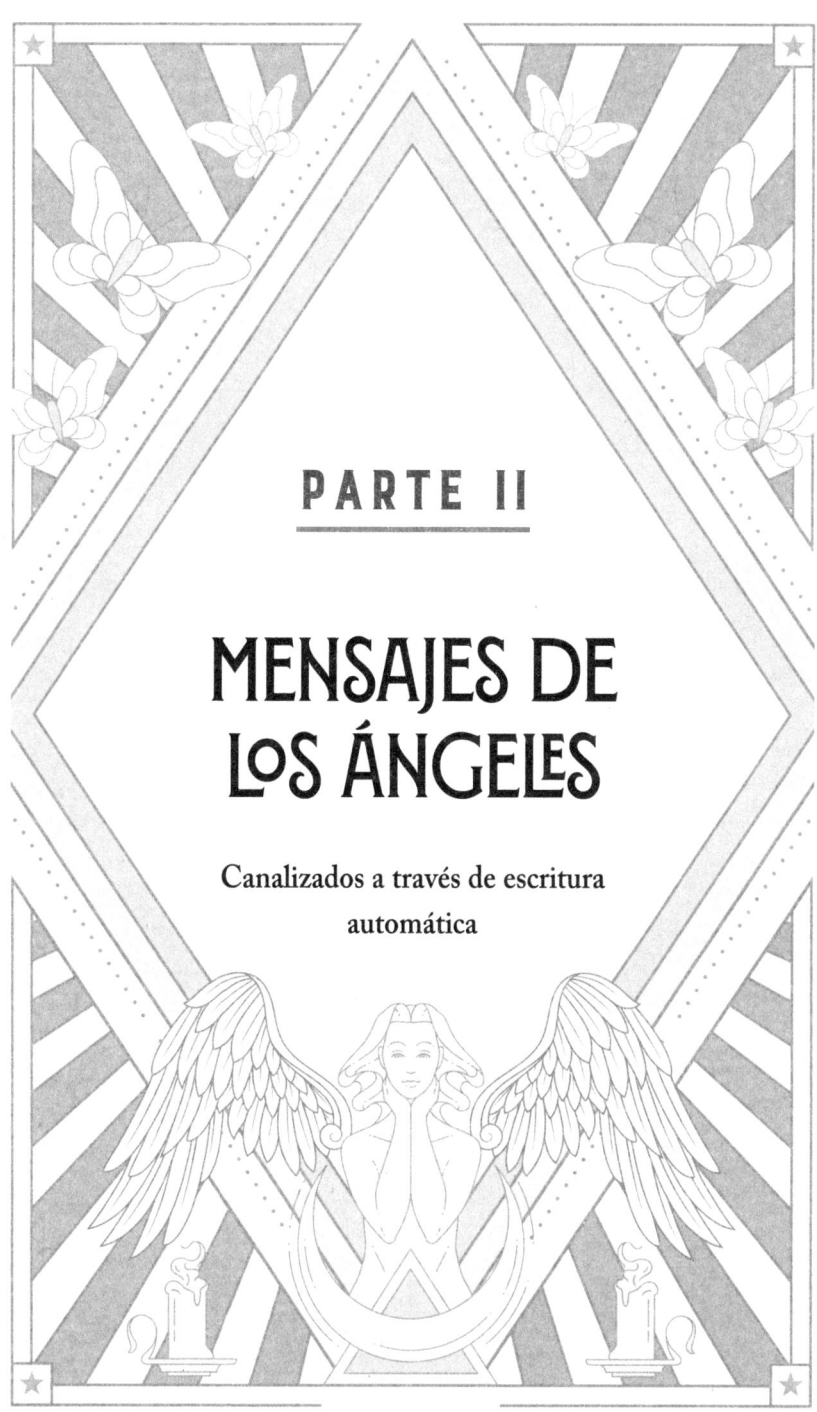

PARTE II

MENSAJES DE LOS ÁNGELES

Canalizados a través de escritura
automática

TENER CONFIANZA EN LOS ÁNGELES

¿Qué es la confianza? La confianza se basa en el amor, en el respeto, en el valor del ser antes que del hacer. Al igual que con el amor, uno se debe llenar de confianza en sí mismo para después confiar en los demás.

¿Confiar en los ángeles? ¡Sí! Aquí estamos nosotros y confiamos en ti. Confía en nosotros, abandónate en nosotros, vive en nosotros, lo puedes hacer.

Pero, sobre todo, confía en ti mismo, confía en tus emociones, en tus sentimientos, en tus pensamientos, confía en que eres capaz de lograr todo aquello que tú quieras.

Confía...
Abandónate...
Déjate llevar...
Solo sé...

INVITAR A LOS ÁNGELES A TU VIDA

Cuando nos invitas a entrar en tu vida cotidiana, cuando nos pides que te asistamos con pequeños favores y nos permites guiarte, tu vida se vuelve más fácil.

Ninguna actividad es demasiado simple o demasiado compleja para nosotros. Los ángeles te ayudaremos en situaciones tan sencillas como encontrar un lugar de aparcamiento adecuado o en cuestiones tan complicadas como decidir cuál es el próximo gran paso que quieres dar en tu vida.

Pídenos a nosotros, tus ángeles, que te abramos los caminos y te ayudaremos. ¿Por qué? Pues porque seguimos la voluntad de Dios y LA VOLUNTAD DEL PADRE ES QUE VIVAS EN LA PAZ, EN LA UNIDAD, EN EL AMOR Y EN LA ABUNDANCIA. ¿No es eso lo que cualquier padre quiere para sus hijos?

Entonces, no dudes en pedirnos ayuda en cualquier aspecto de tu vida.

Te mostraremos el camino de regreso a casa, el camino del amor y de la luz. No significa que tengas que volverte un santo de la noche a la mañana, pues conocemos y entendemos tu condición humana. Tampoco significa que debas transformar toda tu vida en un abrir y cerrar de ojos. Significa que todas las actividades que sueles hacer, las hagas en paz y con amor.

¿Te parece difícil? Solo pídenos que te mostremos los caminos, seguro que tendremos algunas sugerencias que hacerte.

Al abrirte a nosotros, los ángeles, y aceptar nuestra ayuda, podrás ir más ligero por la vida. Piénsalo: ¿no sería maravilloso que alguien te ayudara a sostener la pesada carga que llevas a tus espaldas? El hecho de tener una actitud más ligera te ayudará a tomarte con menos seriedad los asuntos «mundanos» y te permitirá jugar más y sacar a ese niño interior que sabe disfrutar de la vida.

Estos cambios internos se verán reflejados en tu actitud hacia los demás. ¡Claro! Te volverás una persona más tranquila, amorosa, paciente y tolerante. Brillarás con luz propia, dejarás salir al ángel que eres e infiltrarás esa luz en todos los que te rodean, provocando, así, que ellos se abran a sus propios ángeles.

EL AMOR, TU ESENCIA MÁS PROFUNDA

El amor es el sentimiento más hermoso y sublime que existe. Debes saber que todos los seres humanos han sido creados desde el amor y están compuestos de amor, lo que quiere decir que son amor, al igual que nosotros, los ángeles.

Pero ¿por qué no se sienten así? Pues porque son como un diamante en bruto: son amor que se encuentra cubierto por una piedra conformada por ideas, costumbres, hábitos, creencias y sentimientos equivocados.

Cada vez que te permites sentir amor (estoy hablando de un amor genuino, como amor por tu pareja, tus hijos, tu familia, tu mascota, tu trabajo, tus amigos…, en fin, amor por la vida), cada vez que te permites experimentarlo, dejas que ese diamante interior, que tiene luz propia, brille y, al hacerlo, vaya debilitando y «derritiendo» la piedra que tiene alrededor.

De la misma manera, cada vez que te permites sentir miedo o cualquier sentimiento, pensamiento o hábito que provenga de ese miedo, endureces la piedra. ¿Te das cuenta de lo que te estamos diciendo? Entonces, este diamante interior es tu propia divinidad, es la parte de Dios que habita dentro de ti, que está compuesta por amor.

CADA VEZ QUE AMAS, CADA VEZ QUE PERMITES QUE EL SENTIMIENTO DE AMOR AFLORE DENTRO DE TI, TE ACERCAS MÁS A DIOS. TE PERMITES ENTRAR EN CONTACTO CON TU PROPIA DIVINIDAD Y CON LA PROFUNDIDAD DE TU PROPIA ESENCIA.

SONRÍE Y AMA. TE ESTAMOS ACOMPAÑANDO.

Arcángel Sandalfón

ACELERAR EL DESPERTAR DE CONCIENCIA

Tengo información muy importante que darte: no solo me estás canalizando tú, sino que ahora mismo me canalizan otras personas. Lo creas o no, todas ellas están recibiendo el mismo mensaje. Coméntalo, dispérsalo y compártelo.

Es importante acelerar el despertar de conciencia. Es importante que, de una vez y por todas, los humanos terminen de abrir sus ojos y vean la realidad, sepan para qué vinieron y puedan evolucionar.

La situación en la Tierra es cada día más caótica y se puede volver aún peor. ¿Qué se necesita? Que os abráis, que permitáis que seres más iluminados y elevados interactúen con vosotros para poder salvar el planeta. Que permitáis que estos seres os guíen y os muestren nuevos caminos de conocimiento, nuevas tecnologías que no dañen el medio ambiente, nuevos circuitos de comunicación, nuevas formas de vida.

Necesitas aprender a SENTIR y darte cuenta de que lo importante no es lo que se vive en el plano de esta vida, sino lo que se aprende aquí para vivir y crecer en el mundo real.

Necesitas aprender mucho; aprender a AMAR, a ser compasivo, no solamente con tu familia, sino con todo aquel que se acerque.

Necesitas entender que la humanidad es una y que, al hacerle daño a alguien, se hace daño a todos. Concretamente, lo que queremos y buscamos que hagas es liberarte primero de las creencias que solo sirven para obstaculizar el camino. Libérate de tus bloqueos físicos, psíquicos, energéticos. Libérate de preocupaciones y obligaciones autoimpuestas y MANIFIESTA. Cocrea la realidad que tú quieres vivir hoy y la que quieres vivir mañana y durante el resto de tu vida.

Aprende, no dejes de aprender de cada momento de tu vida, no dejes de recibir el mensaje de amor en cada situación ni de obtener un granito de entendimiento en todo aquello que te suceda.

También te voy a pedir que hagas un círculo de luz por la paz del mundo, por los que viven aquí y ahora la guerra y otros desastres. Te pido que les envíes luz y que pidas a otros que hagan lo mismo.

Es sencillo lo que te pido: BRILLA Y COMPARTE TU LUZ. Hoy, más que nunca, el mundo lo necesita de ti y de cada ser humano.

Brilla y contagia...
Brilla y aprende...
Brilla y entiende...
Brilla y enseña...
¡BRILLA!

Solo sé lo que tú eres, aquí y ahora, solo sé lo que Dios quiere que seas; permítete SER en todo tu esplendor:

BRILLA E ILUMINA A OTROS...
¡BRILLA!

Arcángel Metatrón

AMA A LOS NIÑOS

Es importante ver, cuidar y encauzar a las generaciones futuras. Al igual que vosotros, los niños están aprendiendo a vivir en el miedo y en la oscuridad.

Si tienes cerca o a tu cargo a un niño (no importa si lo catalogas como «índigo», «cristal» o «arcoíris», o si es un niño sin ningún don espiritual), enséñale a vivir en la luz, enséñale a creer en Dios; en un Dios bueno, que lo ama intensamente y que lo valora. Enséñale que existe una realidad mucho más completa y hermosa que la que te enseñaron a ti. Enséñale a confiar en el proceso de la vida y a vivir en plenitud; enséñale a amar y a abrir su pequeño corazón para dar y recibir amor.

Si ese pequeño que está cerca de ti está dotado de habilidades psíquicas, no lo «ayudes» a bloquearlas; ten presente que esto lo haces desde tu propio miedo, así que permítele que te enseñe a desarrollarlas a ti.

Escucha a los niños y pon atención a sus palabras, ya que a veces contienen más sabiduría que las dichas por algunos adultos que son considerados líderes.

Atiende a los niños, ayúdalos a satisfacer sus necesidades, enséñales a ser autosuficientes y libres. Ayúdalos en sus procesos de decisión; no decidas por ellos, solo hazles ver que todo acto tendrá una consecuencia.

No permitas que otros les llenen la cabeza de miedos; enséñales a vivir en la luz y en el amor y a confiar en Dios, a confiar en ellos mismos.

Nútrelos, no solo físicamente; nutre su alma, su espíritu. Hazles saber lo valiosos que son, no solo para ti, sino para toda la humanidad.

No pretendas que ellos recorran tu camino; acompáñalos a recorrer su propio camino y, cuando estén listos para volar, suéltalos, con la confianza de haberles dado lo mejor de ti mismo y de que siempre van a estar custodiados por los ángeles.

Ámalos con toda tu alma, porque en ellos está tu propio futuro. ¿Cómo quieres que sea tu futuro? ¿Cómo quieres vivir? ¿Rodeado de amor o de miedo? Enséñales a construir un futuro de paz y de amor.

Ábrete a recibir mi ayuda siempre que la necesites.

Te acompaño y te guío.

Arcángel Metatrón

LIBÉRATE DEL MIEDO

¿Por qué tienes miedo, mi niña? Recuerda que el miedo es tu pesadilla, una pesadilla que tú creas; que el miedo es el límite más grande para poder disfrutar del amor. Libérate del miedo y disfruta tu vida. Tu vida es bella, ¿por qué tienes que sufrirla en lugar de disfrutarla? Es verdad, estás ampliando tu conciencia, y esto a veces resulta doloroso, pero ¿por qué te duele? Porque te da miedo soltar las creencias y los valores con los que creciste.

No se trata de saber si lo que estás viviendo es correcto o incorrecto; solo tienes que saber que lo que vives es lo que tienes que vivir para ser libre, es decir, para ampliar tu conciencia. ¿Te das cuenta? Yo sé que no es fácil borrar los miedos, las creencias y los temores de tu ADN.

CONFÍA en nosotros, confía en la vida, confía en Dios. Ya te lo hemos preguntado antes: ¿crees que Dios te haría un regalo tan grande como la vida para que sufrieras? Confía en el proceso.

VIVE, porque si bajaste a la vida fue para eso, no para morir en vida.

AMA. Sé que te lo cuestionas todo y tienes miedo, pero quítate de encima el saco del miedo y suelta todo el amor que llevas dentro para quienes te rodean.

DISFRUTA. Tu vida es bella, así que disfruta cada segundo.

FLUYE. Confía en que te acompañamos y en que todo va a salir según el plan divino.

SÉ la persona completa que ya eres. No tengas miedo de nada, tan solo sé.

CREE que todo lo que sucede hoy, aquí y ahora, es por tu bien.

SIENTE. Permítete sentir con todo tu ser la vida y la apertura de tu corazón.

ENTIENDE. Al abrir tu conciencia, permite que entre en ti todo el entendimiento que te hace falta.

Te amo y te protejo.

Arcángel Miguel

LA RELACIÓN DE PAREJA

Los seres humanos tienen mucho que aprender sobre la relación de pareja, sobre el amor, sobre estar juntos, sobre entregarse el uno al otro. Porque entregarse no es simplemente estar uno al lado del otro ni dormir juntos. Entregarse es darse en cuerpo y alma al otro, es vivir al otro, es vibrar con el otro, es sentir y saber, con solo verlo, cómo está el otro.

Para entregarse al otro, primero hay que entregarse a uno mismo, buscar tu felicidad para el otro, no tratar de hacerlo feliz. Buscarse a uno mismo, descubrirse a uno mismo, aceptarse a uno mismo, amarse a uno mismo y, después, COMPARTIRSE con el otro.

¿Qué pasa con vosotros, los seres humanos? No os estáis entregando, simplemente estáis. Y podéis pensar que con la simple presencia física ya os estáis relacionando, pero no estáis incluyendo vuestra energía ni vuestras emociones en la relación. Vuestros chakras del corazón no giran cuando os veis ni hay una verdadera emoción de por medio.

Necesitáis vivir, necesitáis saber que sentís, saber que tenéis un cuerpo energético que vibra y que estáis vivos.

Cuando logréis sentir y entrar en contacto con vuestra energía, con vuestra propia capacidad de vibrar, de amar y de sentiros vivos, os será mucho más fácil conectaros y generar vínculos profundos y verdaderos.

Arcángel Jeremiel

YO COMPLETo EN CONCIENCIA

Soy el arcángel Jeremiel y me dedico a estar cerca de los seres humanos para infundirles confianza y fe y fortalecer su relación con Dios. También me dedico a hacer crecer el amor en cada persona, como si fuera una flor que necesita del cuidado de un jardinero: lo riego, lo podo, lo vuelvo a regar, lo vuelvo a podar…, haciéndolo cada vez más fuerte en la persona.

Hay quienes no encuentran el amor en su corazón porque lo tienen bloqueado. Buscan el amor en el exterior únicamente, sin importarles lo que puedan dar a cambio. Solo están dispuestos a tomarlo, no a darlo. Por supuesto, se sienten vacíos, solos e incomprendidos porque no han encontrado la fuente del amor incondicional e ilimitado: el amor a Dios y a uno mismo.

Dios está en cada uno de nosotros, por lo que al amar a Dios, encuentras el amor en tu propio corazón, encuentras el amor hacia ti mismo y puedes encontrar el amor hacia el prójimo. Cuando amas a Dios, te llenas de amor.

Tú ya encontraste el amor incondicional en tu corazón, solo que a veces te da miedo entrar en contacto con él. ¿Por qué? Porque es tan grande, tan hermoso y tan completo que te sientes pequeño frente a él.

Entiéndelo bien: forma parte de ti y, cuando logres integrarlo, cuando integres a ese pequeño ser en el gran ser que es tu propia capacidad de amar, sentirás tu verdadero poder, tu verdadera esencia, y te darás cuenta de que formas parte de Dios.

Recuerda siempre que eres uno con Dios.

ERES AMOR, ERES HIJO DE DIOS, PERFECTO Y COMPLETO.

Invítame a entrar en tu vida y a hacer crecer el amor incondicional en tu corazón, y me quedaré para siempre.

Arcángel Jeremiel

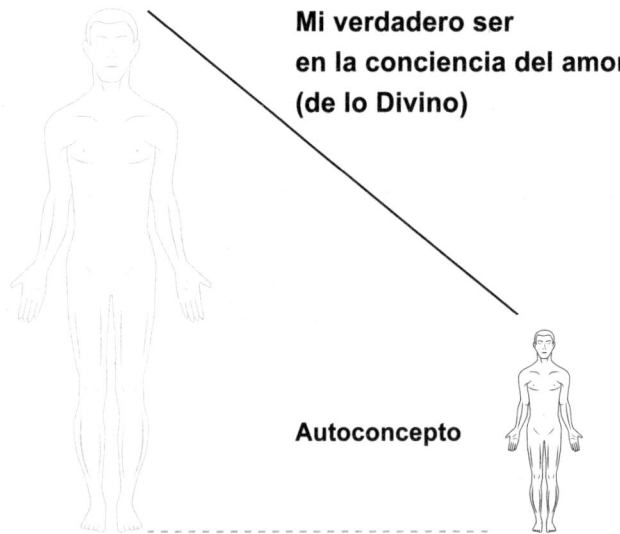

Mi verdadero ser en la conciencia del amor (de lo Divino)

Autoconcepto

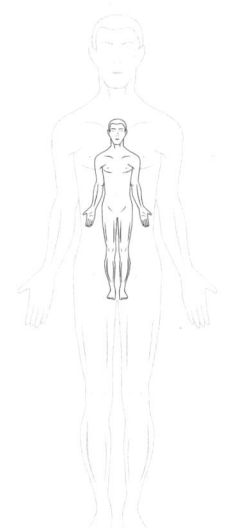

**Yo completo, en plena
conciencia de mi poder**

HONRA TU HUMANIDAD

¡Qué duro eres contigo mismo! Sí, en ocasiones tienes sentimientos que provienen directamente de tu ser inferior. Sí, tienes un ser inferior que interactúa con otras personas. Sí, tienes dudas y tienes miedos. Pero, ¿sabes qué?, ERES HUMANO y así son los humanos; así han sido durante miles de años, cargando con sentimientos como el miedo, la culpa, el dolor, el enfado y la ira. ¿Qué puedes esperar? No pretendas ser perfecto. ¿Qué tienes que hacer? Aceptar estos sentimientos, hacerlos parte de ti para después sanarlos. Eso es mucho mejor que repelerlos, ignorarlos o bloquearlos.

El odio, el enfado, la ira, la desesperanza o el mismo miedo no son más que un mecanismo de defensa mediante el cual se bloquea la posibilidad de vivir en la paz, el amor y la luz.

¿Cómo puedes liberar estos sentimientos? Mediante el perdón. De perdonar se derivarán muchos otros sentimientos, como la compasión, la paz, el amor y poder ver a Dios a través de los ojos del otro. Sin el perdón, no puede haber nada de esto.

¿Tienes miedo? Acuérdate de que el miedo es un sentimiento de frecuencia muy baja. Que al tener miedo atraes situaciones negativas a tu vida. Confía en que vivirás aquello que necesitas o que te toca vivir. Confía en que obtendrás un aprendizaje de vida de cada experiencia y confía en la protección de tus ángeles.

Pide consejo, compañía, protección, transformación. Permítenos sanarte, ayudarte, acompañarte, llevarte de la mano a un mundo más pleno, lleno de paz interior y amor.

Libera todos estos sentimientos negativos y permite que sean transformados en el cielo para ti. Vuelve a vibrar en frecuencias más altas y brilla.

Te amamos y te acompañamos.

Arcángel Uriel

TU CUERPO FÍSICO: EL TEMPLO DE DIOS

Debes respetar tu cuerpo y amarlo porque forma parte de ti. Últimamente, te hemos visto muy enfocado en el crecimiento de tu alma, de tu espíritu, y has descuidado tu cuerpo físico. Te has olvidado de la importancia que tiene el cuidado del templo en la adoración al Señor. Tu cuerpo es tu templo y tienes que protegerlo. Pero ¿qué es cuidarlo y respetarlo? Es buscar su bien (descansar, alimentarlo de forma sana, ejercitarlo) y no sobreexponerlo o dañarlo. Pero, sobre todo, no debes saturarte con una actividad tras otra; debes respirar porque, cuando respiras, haces que entre en tu cuerpo luz, aire y energía. Acuérdate de respirar profundamente varias veces al día para cuidar tu cuerpo.

Arcángel Rafael

FLUIR Y CONFIAR

Os estamos enseñando a fluir. Hoy más que nunca necesitamos que aprendáis a fluir, a vivir en el aquí y el ahora, a entender que todo pasa por una razón y para vuestro mayor bien. Dejad de tratar de controlarlo todo; entended que, cuando controláis, es como si quisiérais detener el cauce de un río: quizá con mucha planificación y trabajo podáis lograrlo durante un tiempo, pero llegará el día en que tras una lluvia abundante el río se desborde. Quien no confía en que todo irá bien, quien necesita tener el control de todo lo que sucede, quien tiene miedo al futuro, es nada más y nada menos que el ego. Entonces, cuando tenéis esta necesidad tan grande de control, lo que estáis haciendo es entregar vuestro poder al ego.

Dejad atrás al ego y aprended a vivir en la CONFIANZA, sabiendo que Dios os ama y que el UNIVERSO siempre estará confabulando a vuestro favor. Sin importar a qué circunstancias os estéis enfrentando o lo grandes que sean vuestros problemas, CONFIAD. Cuando hayáis llamado a Dios y a sus ángeles, todo se adecuará de la mejor manera posible.

ESTO ES FLUIR Y VIVIR EN EL AQUÍ Y EL AHORA.

Os amamos y os acompañamos.

Arcángel Uriel

ENFÓCATE EN TU CAMINO

A veces no avanzas porque estás más pendiente de lo que hacen los demás que de tu propio camino. Resulta más fácil señalar, juzgar y opinar sobre el camino de los demás que tomar conciencia del propio. En ocasiones, deseas el camino de otra persona y sus logros sin ver el esfuerzo que le ha conllevado.

Los ángeles te invitamos a centrarte en tu propio camino. Deja de ver el camino de los demás, ya sea para juzgarlos o envidiarlos, y entiende que cada cual tiene la responsabilidad de construir su propio camino. Cuando sientas que otros están atentos a tu caminar, mándales luz y bendiciones y sigue adelante.

Hoy pide a los ángeles que te ayuden a enfocarte en la construcción de tu propio camino y no permitas que lo que otros hacen o dicen te distraiga.

¡Los ángeles abriremos tus caminos y te acompañaremos en la construcción de tus sueños!

Con todo nuestro amor,

Arcángel Gabriel

VIVIR EN EL AMOR, NO EN EL MIEDO

Queridos hermanos de luz:

No debéis temer, al contrario, debéis CONFIAR. Recordad que tenéis el poder de manifestar vuestra realidad y hoy, más que nunca, el mundo se va a dividir entre los que viven en el amor y los que viven en el miedo.

Todas las catástrofes, crisis económicas y políticas y conflictos personales a los que tanto teméis ya están sucediendo, así que tenéis dos opciones: aprender de ellos y convertirlos en energía positiva o quejaros y volverlos negativos.

No debéis vivir todas estas situaciones como un castigo divino, ya que vosotros mismos las escogisteis al regresar a la Tierra. Las escogisteis para aprender de ellas y seguir trascendiendo como almas, y algunos de vosotros, incluso, os hicisteis voluntarios para morir en catástrofes, guerras, etcétera, para que vuestras almas pudieran continuar creciendo y vuestros hermanos obtuvieran aprendizajes positivos. ¿Os parece difícil de entender?

No os preocupéis, lo que queremos que os quede bien claro es que, al elegir cómo vivir esta realidad, podéis continuar viviendo en el miedo o podéis vivir en la luz. Sí, hasta en los lugares y situaciones más oscuras encontraréis luz, y con un rayito de luz que se prenda dentro de la oscuridad, esta se desvanece.

Siempre que estéis viviendo una situación que os parezca desagradable, incómoda o dolorosa, preguntaos a vosotros mismos: ¿Qué tengo yo que aprender de esta situación? ¿Qué puedo hacer para aportar luz a esta situación? Si hago esto que me imagino, ¿voy a sentir paz?

Viviréis el miedo y la luz de manera simultánea durante un tiempo, como dos realidades alternas, donde podréis decidir cuál es la que queréis vivir. Una misma situación puede ser percibida por dos personas diferentes como negativa o positiva, es tan solo una cuestión de percepción.

Aquellos de vosotros que estéis despiertos, que viváis con el corazón abierto y pleno, encontraréis bendiciones en toda situación, mientras que los que viváis en el ego y en la mente racional solo encontraréis obstáculos.

¿Entendéis lo que os digo? Ahora estáis viviendo el despertar, y aquellos que ya lo hicieron tienen la consigna de ayudar a los que están a su alrededor, pero no con palabras huecas, sino dando ejemplo a través de sus acciones, enseñándoles nuevas formas de relacionarse y de vivir desde el corazón y en la coherencia.

Aquellos de vosotros que ya despertasteis debéis perder el miedo y saber que Dios está con vosotros, que nosotros, los ángeles, os estamos guiando todo el tiempo y que, mientras estéis en la luz y con la luz, nada podrá sucederos.

Es importante que recordéis que vosotros mismos sois luz, que cuando Dios os creó os hizo a su imagen y semejanza, que vuestro principal componente es el amor de Dios. Buscad a Dios dentro de vosotros mismos, sabed que Él vive en cada uno, y cuando os reencontréis con esta luz divina interior sabréis, de una vez por todas, que nada, ABSOLUTAMENTE NADA que no sea divinamente orquestado para su mayor bien, podrá sucederos.

Tampoco olvidéis vuestro poder creativo: cada uno de vosotros, a través de su magia divina, está creando su propia realidad. Vigilad vuestras palabras, deseos y afirmaciones; hablad en positivo y desead solamente situaciones que involucren el amor en vuestra vida; veréis cómo vuestra realidad empieza a transformarse.

Sed conscientes de cada una de vuestras acciones y procurad que cada una de ellas sea dirigida desde vuestro corazón.

Hay cinco palabras que, en estos tiempos, debéis tener presentes: FE, ESPERANZA, CONFIANZA, AMOR Y COMPASIÓN. Sabed que cada uno de vosotros tiene estas cinco virtudes en su interior; solamente tenéis que activarlas.

YA FALTA POCO. El despertar de la humanidad está a la vuelta de la esquina y viviréis la realidad hermosa y plena que habéis estado esperando.

Os amamos, os honramos en vuestra decisión de vivir estos tiempos y os acompañamos hoy y siempre.

Arcángel Metatrón
y su legión de ángeles

TÚ ERES TU MAYOR TESORO

Volvamos los ojos hacia dentro, pues es momento de entrar en contacto con nuestro ser más profundo, con nuestra esencia más sublime y nuestro lugar más íntimo. Es momento de estar con nosotros mismos.

Cuando seas capaz de mirar hacia tu interior y quitarte todas las capas superficiales, primero te quitarás las máscaras que te cubren; esas que muestras al mundo tratando de aparentar lo que no eres, esas que muestran un ser hermoso por fuera, pero que no sabemos qué tiene dentro.

Cuando seas capaz de entender que esas máscaras fueron creadas por el miedo, todo ese bagaje de miedo adquirido a lo largo de tu vida; miedo a no ser suficiente, a no ser digno de que te quieran, a no merecer o a hacer daño a los que amas; miedo al rechazo, al abandono, al abuso, miedo a no ser amado profundamente por los que te importan; miedo a tus propios sentimientos, al dolor y a la ira…

Cuando seas capaz de mantener a raya ese miedo y atravesarlo, sabiendo que lo que está escondido dentro del miedo es un gran tesoro; cuando seas capaz de aguantar tu dolor y expresar todos aquellos sentimientos que fueron los que provocaron este gran miedo; cuando seas capaz de perdonar a quienes lo generaron y aprender a perdonarte por tus errores; cuando sueltes las culpas que cargas, entonces y solo entonces, encontrarás tu verdadera esencia… ¡TU ESENCIA EN EL AMOR!

Entonces entenderás que TU VERDADERA ESENCIA ES EL AMOR, que no puedes ser o existir sin amor, porque TÚ MISMO ERES AMOR. Al ser un ser de Dios, un ser en Dios, no hay forma de que sea de otra manera.

Pide a Dios y pídenos a los ángeles ayuda para disolver las capas de miedo y dolor que no te permiten entrar en contacto con tu verdadera esencia, que se encuentra iluminada en el centro de tu corazón para que puedas sentir y entender que ¡TÚ ERES TU MAYOR TESORO! ¡TÚ ERES EL AMOR!

Y si te das cuenta de esto y te concibes a ti mismo como amor, ¿cómo vas a expresarlo? ¿Cómo vas a dejar que la corriente energética que sale de tu corazón impregne a los que te rodean? ¿Cómo vas a nutrir este amor para permitir que crezca en ti y entonces poder compartirlo con otros?

¿Sabes? El amor brilla, así que deja que brille dentro de ti y que guíe tu camino. Impregna de amor todo lo que haces, todo lo que dices, incluso tus pensamientos. Deja que el amor se convierta en el caminante, en el mapa y el camino a seguir.

Te amamos (sí, desde nuestra más profunda esencia, también nosotros somos amor y el amor es UNO) y te acompañamos siempre.

Arcángel Chamuel

CONFIAR EN EL PROCESO DE LA MATERIALIZACIÓN DE LOS DESEOS

No te sientas frustrado porque las cosas no suceden como tú imaginaste. Recuerda que has pedido nuestra ayuda una y otra vez, has manifestado una realidad mucho más plena que la que estás viviendo. Pues bien, ahora déjanos actuar. Estamos trabajando en tus deseos, entiende que a veces necesitamos demoler lo viejo para poder construir lo nuevo. Cuando hablo de demoler lo viejo, estoy hablando de quitar de tu vida todo lo que no sirve: esa relación que no tiene pies ni cabeza y que te hace daño, ese trabajo que te aburre y en el que no tienes ninguna expectativa de crecimiento, esos hábitos que entorpecen tu desarrollo o esas creencias que te limitan.

Entiende que a vosotros los humanos, en vuestros procesos de apego, os duele cuando esto sucede. Pedís una y otra vez que os ayudemos a avanzar, pero cuando quitamos el obstáculo, os bloqueáis, sufrís y lloráis. Os cuestionáis cómo vais a vivir sin el obstáculo, y entonces ¿qué sucede? Pedís al cielo que el obstáculo vuelva a vuestras vidas, bloqueando totalmente el proceso en el que os estamos ayudando a construir una vida más plena.

¿Entiendes lo que estoy diciendo? Es por eso que hoy te envío este mensaje: siempre vas a contar con nosotros. SIEMPRE. Siempre que pidas nuestra ayuda, la recibirás. Pero recuerda que nosotros los ángeles somos muy respetuosos con lo que llamamos «libre albedrío», por lo que quien debe tomar la decisión de moverse hacia una realidad más plena eres tú.

Qué es exactamente lo que pedimos:

1. TENER CLARIDAD EN LOS DESEOS, LOS SUEÑOS Y LAS METAS. Ser claro en lo que quieres y mantener esta claridad contigo mismo y hacia el exterior.

2. ENTENDER QUE LA SATISFACCIÓN DE LOS DESEOS CONLLEVA UN PROCESO. Quizá vas a tener que soltar algo, aprender alguna habilidad o adquirir cierta experiencia o aprendizaje para lograrlo, pero te vamos a acompañar, paso a paso, en este proceso.

3. ¡DESAPEGO! Si lograr tu sueño o meta implica desapegarte de una situación, hazlo. Sé coherente con tus sueños; por muy difícil que te parezca, siempre hay una forma de lograrlo.

4. ¡CONFÍA EN EL PROCESO! A veces, para llegar al otro lado hay que cruzar el río y te vas a tener que mojar, pero confía en que te estamos acompañando y no vamos a permitir que suceda nada que no sea para tu mayor bien. Pueden darse situaciones que no nos gustan del todo pero que son grandes lecciones.

5. DÉJANOS ACTUAR. Nosotros tenemos una perspectiva mucho más amplia que tú, así que no te aferres a una sola forma o persona para lograr lo que deseas. Puede ser que la felicidad que deseas no esté con esa persona o que necesites cambiar de compañías para lograr esa posición que tanto anhelas.

6. TEN FE Y ESPERANZA. Eso que nos pediste y por lo que hemos trabajado conjuntamente (tú y nosotros) va a llegar cuando menos te lo esperes.

En pocas palabras, nuestra función es recordarte que mereces ser feliz y vivir en plenitud. Estamos aquí para ayudarte a lograrlo, para recordarte que está en ti salir de la cárcel que tú mismo te has construido.

Te pedimos que, cuando pidas nuestra ayuda, nos dejes actuar en tu vida y que CONFÍES en el proceso, teniendo fe en que recibirás eso que tanto deseas.

Te amamos y te acompañamos.

Arcángel Miguel

LA MUERTE

Debes entender que el concepto que tienes de la muerte es totalmente erróneo. Os enseñaron a ver la muerte como algo negativo, como un castigo, como un acto de carencia y de separación, y por eso resulta tan doloroso y difícil de afrontar.

La muerte es un acto de unión, no de separación.

Para poder entender la muerte de una manera diferente, tenemos que abordar varios conceptos.

El cuerpo físico es solamente un vehículo para tu tiempo de estancia en la Tierra. Tu verdadera esencia no es tu cuerpo, sino tu alma, que existe incluso sin tu cuerpo, es decir, lo trasciende. El cuerpo es temporal, mientras que el alma es atemporal, infinita y eterna.

Durante tu estancia en la Tierra, una vez que hayas nacido, contarás con un libre albedrío que te permitirá tomar muchas decisiones. Con esto tendrás un sinfín de posibilidades para vivir tu vida, incluyendo el momento de tu muerte. Lo único que no podrás decidir es si quieres morir o no. La muerte es un acto seguro.

Cuando decides venir a la Tierra, lo haces con el propósito de seguir evolucionando como alma, para aprender lecciones que te permitirán continuar el crecimiento de tu SER ESPIRITUAL.

Estas lecciones que vienes a aprender las acordaste desde el momento que decidiste regresar a la Tierra, y las irás aprendiendo poco a poco a través de las diferentes experiencias de tu vida. De la misma manera, vienes con una misión que cumplir; un talento que te permitirá ayudar a quienes te rodean.

Con la muerte acaba el tiempo que tienes en la Tierra para llevar a cabo estos dos objetivos. Después de la muerte podrás regresar a tu casa, a tu hogar, al espacio del amor incondicional en el que las almas coexisten en perfecto orden y armonía; el espacio donde somos conscientes de nuestra unidad con Dios, y digo «somos» porque es el espacio donde existimos también los ángeles.

Morir debería ser un acto de celebración; sabemos que este es un concepto que te cuesta trabajo entender. Mientras eso sucede, debes saber que cuentas con nosotros para llevarte consuelo, ayudarte a sanar el dolor que te genera la ilusión de la separación y el desapego y para acompañarte en tu proceso de duelo.

Te amamos incondicionalmente.

Arcángel Azrael

ENTENDIENDO EL CONCEPTo DE UNIDAD

Querido niño de Dios:

Es importante que entiendas el concepto de UNIDAD.

Todos somos uno.

Esto quiere decir que lo que afecta a uno afecta a todos. Por muy lejos que creas encontrarte de Japón o Libia, lo que sucede allá te afecta a ti, y lo que sucede aquí los afecta a ellos. A veces te puedes sentir poco importante o que lo que tú haces no afecta de manera positiva o negativa a los demás, pero nada más alejado de la realidad. Todas y cada una de tus acciones repercuten en el todo: por eso urge que empieces a llevar una vida íntegra, congruente y compasiva.

Sé impecable en el amor: deja que todas y cada una de tus acciones se gesten y se dirijan desde tu corazón. Aprende a ver a tus hermanos con compasión, deja a un lado el juicio y la crítica y entiende que ellos, al igual que tú, son seres humanos que vinieron a este planeta a aprender para seguir evolucionando. Todos están en el proceso, algunos más evolucionados que otros, pero todos están teniendo su propio aprendizaje.

Vive desde el corazón, generando oleadas de amor a la humanidad y procurando la paz; de esta forma estarás afectando de una forma positiva al mundo y a sus habitantes, al universo entero.

Todos somos uno, una sola energía, un solo amor, una sola fuente: Dios.

Respira y siente esa energía dentro de ti.

Te acompañamos en la unidad.

Arcángel Uriel

CÍRCULO DE LUZ PARA EL PLANETA

Queridos hermanos:

En este momento, el planeta Tierra es vuestro hogar y necesitáis aprender a cuidarlo. La Tierra es un organismo vivo con un cuerpo energético. Vosotros, todos los seres humanos, sois parte fundamental de este organismo. ¿Cómo es la energía que estáis proyectando como humanidad? En general es una energía negativa, cargada de mucho enfado, frustración, agresividad, control, etcétera. Esta energía contamina la de la Tierra.

Durante un tiempo, la Tierra se encargó de recibir y transformar esta energía negativa, pero ya no puede soportar esta negatividad y necesita que alguien se haga responsable de ella. ¿Qué debéis hacer vosotros con la negatividad? Por lo pronto, enviarla al universo para que sea transformada, pero esta es una medida de emergencia temporal; lo ideal es DEJAR DE GENERAR ESTA ENERGÍA. Debéis aprender a vivir en la paz y en el amor, a ser FELICES de una vez por todas, a disfrutar y a hacer cosas que os llenen de alegría, lejos de una vida de penurias y malestar.

¿Cómo lograr esto? Ocupaos de vuestra propia felicidad, de ser personas felices por quienes sois y no a costa de los demás. Tened conciencia de que vuestra felicidad es contagiosa y contagia al grupo más cercano. Dejad de postergar vuestra felicidad esperando un momento mejor.

En la medida en que cada uno de vosotros vaya elevando su propio nivel vibracional, a través de sus pensamientos y sentimientos, el nivel vibracional de la Tierra se elevará.

Cada cual tiene que empezar a ocuparse de sí mismo, lo que garantiza que como grupo lograréis elevar la vibración.

En lugar de tomar energía de la Tierra, enviad energía a la Tierra; sed canales de energía divina para el planeta. Abrid el chakra de la coronilla para permitir la entrada de energía divina que baja por la columna vertebral y sale disparada del chakra raíz llegando a la Tierra; cuando muchos hacen consciente o inconscientemente este mismo ejercicio, iluminan el planeta.

Pedid a los arcángeles que sanen al planeta. El arcángel Miguel cubre la Tierra con luz morada, limpiando su energía e iniciando el proceso de transformación. El arcángel Jofiel sana la negatividad, el caos, y toca los ojos de cada ser humano para que aprenda a valorar la belleza. El arcángel Chamuel abre los corazones de los seres humanos. El arcángel Uriel sana las zonas que actualmente vivensituaciones de riesgo, como terremotos, tornados, huracanes, etcétera. El arcángel Rafael cubre de energía verde esmeralda a la Tierra. El arcángel Gabriel ayuda, de manera individual y colectiva, a encontrar nuevos caminos y nuevas formas de vida.

Pedid a vuestros ángeles que os ayuden a tomar conciencia de qué acciones están en vuestras manos para ayudar a cuidar y elevar la vibración del planeta.

Con amor incondicional,

Arcángel Uriel

HOY ES UN BUEN DÍA PARA DESPERTAR

Despertar es aprender qué es importante en la vida y entender que aquello que es realmente valioso sale de tu corazón.

Despertar es entender que tu vida no es circunstancial, sino que tú eres el dueño de tu vida y que tienes la posibilidad de cambiarla.

Despertar es entender que no estás solo, que hay un Dios que te ama incondicionalmente y que desea lo mejor para ti.

Hoy es un buen día para despertar. Abre los ojos, abre el corazón, abre la conciencia. Pide ayuda a tus ángeles y ¡sé feliz!

Te amamos y te acompañamos siempre.

Arcángel Uriel

¿QUÉ ES LA FELICIDAD?

Te preguntas una y mil veces qué es la felicidad y dónde puedes encontrarla o llegar a ella, como si la felicidad se escondiera o fuera una meta. Parece que vosotros, los seres humanos, estáis en constante búsqueda de la felicidad y os cuesta trabajo encontrarla.

Algunos de vosotros afirmáis que el estado de felicidad completa no existe, que a lo más que se puede aspirar es a vivir pequeños momentos de alegría. Estáis muy equivocados. La felicidad, queridos hermanos, es el resultado del desarrollo de varios aspectos que nos llevan a VIVIR EN PLENITUD:

- ABRE EL CORAZÓN. Es imposible sentir felicidad con un corazón endurecido, así que si quieres ser feliz, ¡ÁBRELO! Al principio puede resultar doloroso, pero pasará, y créeme que la satisfacción que sentirás al tener el corazón abierto será mayor que todo tu dolor y tus malos recuerdos.

- PRACTICA EL DESAPEGO desde la aceptación de que la vida, como tú mismo, es un proceso y un cambio constante. Nada es estático, sino que todo se mueve, se transforma y se renueva.

- RESPÉTATE Y ÁMATE A TI MISMO sobre todas las cosas. Pon atención a la satisfacción de tus necesidades y deseos (sin pasar por encima de otros al hacerlo).

- PERMITE QUE LOS SENTIMIENTOS FLUYAN Y SEAN EXPRESADOS DE MANERA ASERTIVA. Te puede parecer extraño que ser feliz dependa de que te permitas sentir la tristeza, el enfado o el miedo; pues bien, imagina que tu corazón es un recipiente que hay que limpiar cuando se ensucia, y no hagas como si la suciedad no existiera.

- GENERA VÍNCULOS AFECTIVOS SIGNIFICATIVOS Y SANOS. Vínculos profundos basados en la honestidad y la integridad, pero sobre todo en el amor y en la posibilidad de ver a Dios en los ojos del otro.

- DALE SENTIDO A TUS ACTIVIDADES. Deja de hacer las cosas en piloto automático y pon el corazón en todo lo que haces.

- PONTE EN CONTACTO CON TU SER SUPERIOR y confía en tu intuición.

- SILENCIA A LA MENTE REPETITIVA a través de la meditación. Silencia a la mente racional permitiendo que hable el corazón.

- TEN UNA RELACIÓN CON DIOS ÍNTIMA Y ESTRE-CHA. Invítalo a tu vida, a ser parte de ella, no solo como espectador, sino como protagonista.

- ¡HAZ ACTIVIDADES Y COSAS QUE LLENEN TU ALMA DE ALEGRÍA!

¿Te parece difícil lograr todo esto? Pues bien, este es un trabajo de todos los días, que no depende de nadie más que de ti mismo. Es un trabajo que debe ser realizado desde tu corazón y tu conciencia. La felicidad es gradual, por lo que a medida que desarrolles estos puntos te irás sintiendo más y más feliz.

Estamos contigo, te amamos y te acompañamos.

Arcángel Uriel

LAS ENFERMEDADES COMO FUENTE DE CRECIMIENTO

A veces os preguntáis por qué la sanación en el cuerpo físico no se produce siempre de forma inmediata, por qué el paciente puede pedir la sanación y, aun así, seguir enfermo.

Una primera causa es que el paciente no tenga la voluntad de sanar porque jugar el papel de enfermo le otorga ciertos privilegios. En este caso, hay que preguntarle qué beneficios obtiene de la enfermedad, por ejemplo, la atención de su familia, y explorar de qué otra manera puede seguir obteniendo dichos beneficios sin estar enfermo. Hay que hacerle ver que hay otros caminos más benévolos para él.

Ahora bien, existe otra razón de mayor peso: en ocasiones, pero vosotros pedís la sanación del paciente y la enfermedad misma puede ser el proceso de sanación. La enfermedad trae implícito un proceso de crecimiento (de darse cuenta); el aprendizaje que conlleva una sanación puede ser mucho más profundo que la enfermedad física. A veces, cuando pedís sanación, lo que nosotros hacemos es acelerar los procesos de aprendizaje.

Así, os preguntáis: ¿qué pasa con los niños y los ancianos? En este proceso de aprendizaje se involucra a los que están alrededor de la persona, de manera que todos logran un crecimiento a partir de la enfermedad. Os recuerdo que todos vosotros venís a esta vida con la intención de aprender algo concreto, y en muchas ocasiones la enfermedad forma parte del proceso de aprendizaje.

Cuando os convertís en seres conscientes, podéis pedir que el proceso de aprendizaje llegue de una manera más suave, para que podáis aprender la lección y ver las bendiciones escondidas tras la enfermedad.

Cuando seáis absolutamente conscientes, podréis pedir una SALUD PERFECTA. Cuando finalmente creáis que estáis hechos a imagen y semejanza de Dios, cuando estéis conscientes, absolutamente conscientes de que LA DIVINIDAD HABITA EN CADA UNO DE VOSOTROS, y que cada uno de vosotros es TOTAL Y ABSOLUTAMENTE PERFECTO, entonces ya no necesitaréis de las enfermedades para sanar vuestra alma.

Sé que estos conceptos pueden resultar un tanto complicados para algunos de vosotros, pero simplemente guardadlos en vuestro corazón y en vuestra memoria; llegará el día en que tendrán más sentido.

Estamos con vosotros, amándoos y acompañándoos siempre.

Arcángel Rafael

LA ABUNDANCIA VA MUCHO MÁS ALLÁ DEL DINERO

Cuando te enfocas en lo material, lo estás haciendo en un solo aspecto de tu vida, dejando de lado lo más importante: el amor.

Los ángeles sabemos que para vosotros, como sociedad, el dinero ha adquirido un gran peso, que lo habéis endiosado, que creéis que si no lo tenéis o no poseéis el suficiente, no podréis vivir. Os olvidáis de que el dinero es solo un vehículo, una energía más que os permite adquirir cosas, comodidades, entretenimiento, conocimiento, etcétera. Que es solo una energía y que es necesario que le deis el peso que realmente tiene.

Cuando pidas al universo, cuando manifiestes tus deseos, no pidas que se te dé el dinero para hacer algo; pide ese algo en particular que estás necesitando o deseando y deja que el universo actúe a tu favor. Si lo que necesitas es un bien, pide ese bien; si necesitas la resolución de un conflicto, pide la resolución del conflicto; si necesitas estar libre de deudas, pide la libertad económica.

También estás acostumbrado a utilizar frases como: «No tengo», «No me alcanza», «No puedo», etc. Necesitas cambiar tu patrón de pensamiento, entender de una vez por todas que Dios construyó un planeta ABUNDANTE para todos vosotros. No insistas en tener pensamientos que tienen que ver con la carencia. DIOS NO QUIERE QUE VIVAS EN LA POBREZA. DIOS TE QUIERE VER VIVIENDO EN LA ABUNDANCIA.

Pues bien, cuando hablamos de la abundancia no estamos hablando solo de lo material; la abundancia se refiere a otros aspectos. Hablamos de abundancia cuando hablamos de un trabajo que te llena de satisfacciones, de orgullo y de paz; sentirte seguro en tu entorno; sentirte bien con tu cuerpo y con tu sexualidad; sentirte capaz de lograr tus metas, amarte a ti mismo y respetarte sobre todas las cosas; cuando logras tener relaciones significativas y darle AMOR a estas relaciones (todas tus relaciones, no solamente las de pareja); cuando tus comunicaciones se vuelven más personales, asertivas y profundas; cuando le haces caso a tu intuición y descubres que no estás solo, que tus ángeles estamos contigo y te acompañamos en cada momento de tu vida; cuando tienes una buena relación con Dios y descubres que también tú eres una parte perfecta de su creación. Entonces te das cuenta de que en ti YA EXISTE EL AMOR DE DIOS y que nada puede ser más abundante. TODO ESTO TAMBIÉN ES ABUNDANCIA.

Tú eres hijo de Dios, ¿y qué crees que quiere un padre para su hijo? ¡LO MEJOR! Quizá todo este proceso por el que estás pasando tiene que ver con un aprendizaje, con darte cuenta de que la felicidad que estás buscando no está en los bienes materiales, que quizá todo este proceso se te está dando para que finalmente mires a tu alrededor y entiendas que la abundancia está aquí y es para todos. Como una muestra de lo que te estoy diciendo, sal hoy a un parque o a cualquier lugar de la naturaleza, siente el sol en la piel, el aire, respira hondo, ve a tu alrededor y pon atención. Dios siempre te regala algo especial, te hace saber de alguna manera que está contigo y que TODO IRÁ BIEN.

Resumiendo: dale su justo valor al dinero, deja de endiosarlo. Cuida tus afirmaciones con respecto al dinero (y a otros aspectos de tu vida); abre los ojos para que puedas ver con claridad toda la abundancia que ya existe en tu vida y RECONOCE A DIOS PADRE COMO TU ÚNICO SUSTENTO.

Te amamos y te acompañamos.

Arcángel Uriel

UNA NUEVA REALIDAD

Queridos niños de Dios:

Habéis trabajado mucho para llegar a este momento. Muchos de vosotros habéis vivido grandes cambios en vuestra vida y habéis aprendido grandes lecciones. Algunos incluso habéis tenido que pasar por momentos de oscuridad para llegar a la luz.

Habéis ido creciendo en espiral y, cada vez que habéis ascendido, se han abierto portales energéticos, llegando a más personas, elevando paulatinamente la vibración personal y de grupo y viviendo la intensidad de la luz. Habéis ido recibiendo más información, abriendo vuestros canales intuitivos y vuestros corazones.

El despertar de conciencia de la humanidad se está acelerando. Veréis cómo cada vez más y más personas se acercarán a vivir una vida más espiritual, basada en valores del corazón. Veréis cómo todo aquello que no está conectado con Dios (LA FUENTE) y que no proviene del corazón desde un sentimiento genuino, perderá poder y se irá desvaneciendo hasta desaparecer por completo.

Una vez más os recordamos que existen y seguirán existiendo dos realidades en paralelo: la luz y la oscuridad. Quienes decidan vivir en la luz experimentarán amor, compasión y alegría; se darán cuenta de que son creadores y podrán, desde sus pensamientos, crear su propia realidad; sabrán que no están solos, que están infinitamente acompañados y protegidos, y que cualesquiera que sean sus circunstancias, estarán viviendo en ORDEN PERFECTO Y DIVINO. Los que decidan vivir en la oscuridad experimentarán el miedo, la desesperación y la desesperanza, pero siempre tendrán la opción de cambiar su perspectiva y acceder a la luz.

Al estar accediendo a esta nueva realidad, os recordamos algunos principios fundamentales:

1. ERES EL CREADOR DE TU PROPIA VIDA a través de tus pensamientos, sentimientos y palabras. CUIDA QUE TODO LO QUE SURJA DE TI SEA POSITIVO y para tu mayor bien y el de todos los que te rodean. ¡ESTA ES LA FORMA EN QUE CREAMOS LOS MILAGROS!

2. ESTÁS SIEMPRE ACOMPAÑADO por tus ángeles, tus guías y por Dios mismo; tan solo tienes que abrirte a esta maravillosa energía para sentir el amor, la guía y la protección infinita que tenemos para ti.

3. VIVE EN CONCIENCIA, dándote cuenta de que todo lo que te sucede es para algo y conlleva un aprendizaje. Date cuenta de que todas tus acciones tienen repercusiones

y afectan tu entorno de manera positiva o negativa. Date cuenta de que eres un ser único, especial e irrepetible que tiene mucho que aportar a tu entorno, y activa este poder desde el amor.

4. ABRE TU CORAZÓN, procurando que todas y cada una de tus acciones salgan desde allí. Permite que surjan los sentimientos de una manera positiva y date cuenta de que, debajo de las capas de miedo, lo único que puede existir es el AMOR. Actívalo y compártelo con el mundo. ¡ABRE TU CORAZÓN A LA VIDA Y LLÉNATE DE ALEGRÍA!

5. DESARROLLA TU MISIÓN DE VIDA. Sabes que estás aquí para algo (para dar amor, para dar servicio, para ayudar a otros); no esperes mejores tiempos para empezar a hacerlo, empieza HOY. Ponte al servicio de los demás.

6. GUARDA UN ESPACIO PARA TI a través del silencio, de la meditación, de la contemplación. Permítete entrar en contacto contigo mismo, sabiendo que DIOS VIVE EN TU INTERIOR y que es ahí donde encuentras todas las respuestas.

7. CELEBRA LA VIDA. Que cada respiración, cada paso, cada latido de tu corazón sea un motivo de alegría para ti. ¡ESTÁS VIVO! Eres el dueño de tu vida.

8. AGRADECE, pues te ayudará a ver las bendiciones que hay en tu vida y a generar más bendiciones.

No me queda más que deciros, mis queridos niños de Dios, que habéis sido muy valientes al decidir venir en estos tiempos. Habéis sido unos excelentes guerreros, generadores de todos estos cambios. Habéis sido excelentes maestros enseñando a vuestros hermanos a vivir en la luz y en el amor, y grandes catalizadores de la metamorfosis que está viviendo el planeta y la humanidad.

Sabed que esto es solo el principio de una nueva realidad. ¡BIENVENIDOS A VUESTRA NUEVA TIERRA!

Os honramos, amamos y acompañamos siempre.

Arcángel Metatrón

PINTA TU VIDA DE COLORES

Querido mío:

Es momento de replantearte la forma en que has estado viviendo hasta el momento. Imagina que hoy tuvieras la oportunidad de cerrar un capítulo y que estás frente a una hoja en blanco en la que puedes plasmar cómo quieres llevar tu vida.

Hoy estás aquí y es un buen momento para preguntarte: ¿con qué quiero llenar este nuevo espacio? ¿Qué elementos me gustaría que permanecieran? ¿Qué elementos de mi vida me gustaría eliminar? ¿Con qué colores me gustaría pintar mi vida? ¿La quiero en blanco y negro o la quiero de colores? ¿Qué puedo hacer, de manera voluntaria, para mejorar el capítulo anterior? ¿Voy a mostrarme apático y a permitir que otros llenen mi página de acuerdo con su voluntad?

Y es aquí donde entra tu responsabilidad. Te vuelves responsable de tu vida cuando tienes estos momentos de reflexión, cuando eres capaz de mirar hacia dentro y preguntarte: ¿qué cambios necesito hacer? Cuando dejas de responsabilizar a tu entorno de lo que te sucede, tomas las riendas y haces los ajustes necesarios para tener una realidad de mayor calidad y más plena.

No hay pretextos, y tampoco se trata de hacer resoluciones o propósitos que sabes que no vas a cumplir. Se trata de ti, de tu vida y de tu propia felicidad, y sabemos que todo cambio lleva un proceso. Quizá para lograr ese cambio de trabajo que tanto deseas necesites más preparación; posiblemente soltar esa relación que te resulta tóxica exija pasar por un periodo de duelo y lograr esa meta que tanto anhelas requiera una gran preparación por tu parte, pero el camino se recorre paso por paso, y hoy es un buen día para dar el primero.

Hoy, querido mío, ponemos frente a ti una página en blanco, con lo cual te devolvemos tu responsabilidad. Entiende que tu vida es tu creación y que la estás creando momento a momento a través de tus deseos, de tus pensamientos y de tus actos.

Hoy, tu vida es un lienzo en blanco y tu voluntad es el pincel que pintará la página.

Tus ángeles te estaremos acompañando en cada momento de esta gran creación llamada «vida», ayudándote a llenarla de colores, para que la vivas y la disfrutes con intensidad.

Te amamos y te acompañamos siempre.

Arcángel Chamuel

LA PAZ SE GENERA EN SUS CORAZONES

Queridos hermanos:

Nosotros, los ángeles, sabemos que estáis viviendo tiempos difíciles, en los que os resulta muy complicado encontrar momentos de verdadera paz y el miedo ha ido ganando terreno en la vida de cada uno de vosotros.

Os preguntáis una y otra vez: ¿cómo generar un ambiente de paz? ¿Cuándo podremos vivir en paz? ¿Cómo podríamos entregar a nuestros hijos un país en paz?

Pues bien, hermanos, debéis saber que la PAZ, la verdadera paz, no es algo que os será dado. No es algo que vaya a generar la sociedad, ni el Gobierno, ni se creará a partir de una mayor seguridad. La paz verdadera se gesta en el corazón de cada uno de vosotros.

La paz no va a venir de fuera hacia dentro; no podemos esperar un entorno pacífico para vivir en paz. Es una acción que debe ser generada desde dentro y extendida hacia fuera.

¿Y esto cómo se consigue? Lo primero que debéis hacer para vivir en la paz es trabajar la aceptación de vosotros mismos: conoceros, aceptaros tal y como sois, sabed que estáis haciendo vuestro mejor esfuerzo. Dejad de criticaros, de juzgaros, de tratar de aparentar lo que no sois. Haced las paces con vosotros mismos, aceptando incluso aquellos aspectos de vuestra personalidad que os desagradan y, de una vez por todas, empezad a ser vuestros mejores amigos, queriéndoos y respetándoos.

Unida a esta aceptación personal viene la aceptación del entorno. Debéis aceptar las circunstancias y las personas que os rodean tal y como son, sin juicios, sin críticas, entendiendo que cada cual tiene una perspectiva de la vida diferente y que está bien: es la diversidad la que enriquece la vida. Dejad de tratar de controlar a los demás, intentando que piensen y actúen como vosotros, y respetad la individualidad de cada uno. Podéis cambiar aquello que sí esté en vuestras manos cambiar, aceptar aquello que resulte inevitable y soltar aquello que no os corresponda.

Imaginad que todos los seres humanos de vuestra comunidad componen un campo fértil y que están sembrando las semillas que formarán un bello jardín. En la medida en que generen paz en sus corazones, compartan esta paz y la expandan, irán construyendo un ser, una familia, una comunidad, una ciudad y un país de paz.

Con amor, paz y aceptación,

Arcángel Miguel

EN TiEMPOS DE ADVERSIDAD, PERMÍTENOS SOSTENERTE

Querido mío:

Es importante que sepas que los ángeles entendemos ante todo tu condición humana. Sabemos que sufres, lloras, te desesperas y te frustras; a veces te dejas caer por no creer en ti mismo, porque piensas que tus circunstancias son inevitables.

Pues bien, también es necesario que tomes conciencia de que no estás solo y nunca lo has estado. En los momentos de desesperación, de llanto, de dolor profundo, siempre hemos estado contigo sosteniéndote, amándote más que nunca, consolándote y envolviéndote en nuestras alas.

Si en esos momentos te sientes triste, devastado, desmotivado, desesperanzado, solamente tienes que mirar al cielo, cerrar tus ojos y abrirte a sentir nuestra presencia.

Escúchame bien: por muy profundo que sea tu dolor, Dios nunca te dejará caer, al menos que ese sea tu deseo.

Nosotros confiamos en ti, conocemos tus capacidades y sabemos que, aun en los momentos de terrible adversidad, dentro de ti tienes las herramientas para salir adelante. Te pedimos, hoy más que nunca, que creas en ti, pero si tu mente, tu ego o tus limitaciones autoimpuestas aún no te dejan hacerlo, entonces déjanos demostrarte tu grandeza.

Somos tus ángeles y estamos contigo desde el principio de los tiempos, acompañándote, guiándote, recordándote que eres hijo de Dios y demostrándote a cada momento que eres amado profundamente.

Te acompañamos hoy y siempre.

Tus ángeles guardianes

CENTRARTE EN LO POSITIVO TE ACERCA A LA FELICIDAD

Te has acostumbrado a juzgar lo que consideras malo, como si fuera más fácil señalar lo negativo en las personas, las situaciones y hasta en ti mismo que centrarte en la parte positiva.

Pues bien, hermano, debes saber que cuando te centras en lo negativo de cualquier situación solo estás generando más negatividad. Es importante que aprendas a ver el mundo con otros ojos, que aprendas a centrarte en lo positivo.

En lugar de observar tus carencias, ve lo que sí hay en tu vida y agradécelo.

En lugar de juzgarte a ti mismo, observa tus aciertos y celébralos.

En lugar de ver lo que otros hacen mal, observa sus circunstancias y lo que los lleva a tomar decisiones que desde tu perspectiva parecen equivocadas, y sé compasivo con ellos.

En lugar de juzgar a otras personas, observa sus cualidades y lo positivo que aportan a tu vida, y hazles saber que los aprecias por eso.

En lugar de señalar lo negativo de tus circunstancias, toma conciencia de qué acciones positivas estás tomando para cambiarlo y aprende de esas circunstancias para que crezcas como persona.

En toda circunstancia hay bendiciones escondidas; cuando te centras en lo positivo puedes ver con facilidad dichas bendiciones y entender que todo lo que sucede en tu vida tiene una razón de ser. A veces, la bendición se encuentra en el mismo crecimiento que te genera la situación a la que te enfrentas.

Cuando te centras en lo positivo, también te sientes mejor contigo mismo, más energetizado y pleno. Al ser positivo generas, a través de tu pensamiento, más circunstancias positivas y, por tanto, una mayor felicidad.

Te amamos y te acompañamos.

Arcángel Jofiel

LA IMPORTANCIA DE SER AGRADECIDO

Hermanos:

Una vez más hacemos hincapié en la importancia que tiene el ser agradecido. Cuando te pedimos que agradezcas, no lo hacemos porque nosotros o Dios mismo necesitemos de esta alabanza, sino para que aprendas a elevar tu sistema energético y a crear una realidad más plena para ti mismo.

En primer lugar, cuando agradeces, suceden muchas cosas. Antes de dar gracias, necesitas tener algo que agradecer, lo que implica buscar en ese momento, en ese espacio, algo positivo en lo que te puedas enfocar. El simple hecho de ser agradecido te obliga a poner tu atención en lo positivo, pues no agradeces la carencia, sino lo que sí hay.

Con enfocarte en la parte positiva ya estás generando una perspectiva diferente de la vida.

En segundo lugar, cuando agradeces y lo haces desde el corazón, provocas que su energía se expanda, con lo que lo abres y entras en contacto con tus sentimientos y tu ser interior.

Por último, el agradecimiento y el amor son una de las vibraciones más altas que hay, por lo que cuando agradeces elevas tu vibración personal.

¿Por qué hacemos tanto énfasis en esto? Las situaciones que atraes a tu vida concuerdan con tu vibración personal, con tus pensamientos, tus sentimientos y, por supuesto, con tus acciones. En la medida en que cuides que estos cuatro aspectos sean coherentes y positivos, atraerás a tu vida situaciones positivas para ti; en cambio, si tu vibración personal es baja y tus pensamientos y sentimientos son negativos, seguramente estarás atrayendo situaciones poco favorables.

En la medida en que eleves tu vibración personal, ayudarás a tu entorno a elevarse. Cuando tú te vuelves positivo, iluminas lo que te rodea y das a otros la posibilidad de serlo.

Cuantos más seres eleven su energía personal, más se elevará la energía de su familia, grupo, comunidad y hasta del planeta.

¿Eres consciente de la trascendencia que tiene esto?

Recuerda: ser agradecido te ayuda a centrarte en lo positivo (pensamiento), abrir tu corazón (sentimiento) y elevar tu vibración personal. Con esto atraes hacia ti una realidad más plena (acción) y ayudas a iluminar tu entorno.

En cada momento, en cada situación de tu vida, pregúntate: ¿qué tengo que agradecer de esta situación?, y acostúmbrate a ser agradecido.

Te amamos y te acompañamos siempre.

Arcángel Uriel

NO TE HACEN DAÑO LOS DEMÁS; TE LO HACES TÚ SOLO

Nadie te hace daño, sino que te lo haces tú mismo. Es momento de que te hagas responsable de tus acciones y entiendas claramente que no hay forma de que otra persona te lastime si no permites que lo haga. Esta es una afirmación poderosa, pues implica soltar el papel de víctima que muchas personas juegan o han jugado en ciertos momentos de su vida.

Cuando otra persona «te hace daño», es porque tú le diste ese poder, es decir, cediste tu propio poder. Pero ¿por qué cedes tu poder a otra persona? Si eres menor de edad, es posible que tus padres sigan ejerciendo un rol de poder sobre ti. A veces cedes el poder si te dan algo a cambio, si obtienes un beneficio por ello. Por ejemplo, cedes el poder a tu jefe para ocupar un mejor puesto en la empresa o cedes el poder a tu pareja porque obtienes regalos o un mejor trato por su parte.

Si los beneficios que obtienes por ceder tu poder son lo bastante buenos para ti y eres consciente del precio que pagas por obtenerlos, está bien. Pero si en esta cesión lo que se pone en juego es tu integridad, o sea, permites que la otra persona te haga daño, entonces es el momento de recuperar tu poder y hacer cambios importantes en tu vida.

Otra forma de hacerte daño es teniendo expectativas sobre otras personas o situaciones. Cuando esperas que otras personas sean o actúen de determinada forma, cuando deseas o quieres que otras personas satisfagan tu ilusión de cómo deberían ser, o como debería ser una situación en particular, y no es así, entonces probablemente te sientas herido o traicionado, lastimado porque las cosas no fueron de la forma que tú esperabas. Las personas y las situaciones son como son, nada se va a ajustar a tu criterio de cómo deberían ser, y aunque se pueden modificar algunos patrones y conductas, la esencia de las personas no cambia.

El antídoto para este tipo de herida es la aceptación de las personas y situaciones tal y como son, entender que no hay nada que tú puedas hacer para cambiarlas y que nadie está en este mundo para llenar las expectativas de otras personas (tampoco tú).

Es fundamental que, cuando sientas que te están haciendo daño, tengas la conciencia de que en ti está decidir cuánto tiempo vas a permanecer en esa situación y hasta dónde vas a permitir que la otra persona actúe así. Es importante que sepas que siempre hay una salida.

Si te encuentras en una situación incómoda, pídenos ayuda a nosotros, tus ángeles, para que te asistamos y te dejemos ver con claridad cómo estás cediendo tu poder, cómo estás esperando más de lo que el otro te puede dar y cuál sería la salida más conveniente.

Déjanos tomarte de la mano, iluminar tu corazón y ayudarte a sanar tus relaciones.

Te amamos y te acompañamos siempre.

Arcángel Raguel

VER A LOS OTROS CON OJOS DE COMPASIÓN

En ocasiones es más fácil juzgar a otros por sus acciones que detenerse a mirarlos con compasión.

Ver con compasión al otro es detenerte a mirarlo, entender que él o ella, al igual que tú, tiene una historia, con situaciones positivas y negativas que lo hicieron crecer y que también le hicieron daño. Verlo con compasión es percibir que esa persona puede actuar desde sus heridas.

La próxima vez que una persona presente una actitud desfavorable, antes de juzgarlo, señalarlo o etiquetarlo negativamente, pregúntate: ¿por qué esta persona actúa de esta forma? ¿Cómo me sentiría y reaccionaría yo si estuviera en sus circunstancias?

Pide a tu ángel que te permita verlo a través de su mirada, y entenderás que esa persona que está frente a ti no es más que un ser humano haciendo un esfuerzo.

Descubrirás que una persona codependiente quizá esconde una gran necesidad de sentirse amada y protegida por otros; que una actitud de víctima lleva implícito el mensaje de «necesito sentirme atendido y visto por otros»; que un comportamiento soberbio y orgulloso a veces es una máscara para no mostrar vulnerabilidad, y que la incapacidad de generar vínculos afectivos profundos es una forma de protección para no permitir que otros le hagan daño.

En fin, muchas veces estas actitudes que puedes considerar «erróneas» o fuera de lugar en otra persona y en ti mismo no son más que un miedo profundo a ser herido y a no ser amado, querido o aceptado por el otro. Cuando ves al otro con compasión, puedes ver su miedo y ser empático con él sin engancharte a la situación. Cuando tu mirada cambia, también cambia tu forma de reaccionar. Es más fácil perdonar y perdonarte cuando tienes esta perspectiva.

¿Te das cuenta? Cuando eres capaz de ver a los demás con mirada de compasión (pidiendo a los ángeles que te presten sus ojos), te vuelves más humano, más misericordioso y más sensible.

Antes de engancharte a una situación, recuerda la próxima vez abrir tu corazón y pedir a tus ángeles que te permitan ver al otro a través de sus ojos, obsérvalo con compasión para tratar de entender sus motivos.

Arcángel Zadkiel

SER AUTÉNTiCO, UN ACTo DE VALENTÍA

Querido hermano:

Has aprendido a lo largo de tu vida a actuar en base a lo que se espera de ti y a seguir un guión de vida impuesto por la sociedad, transmitido de una generación a otra y determinado por los roles que se juegan, y no de acuerdo con la persona que eres en realidad.

Te sumerges en el guión y te olvidas de quién eres; tomas para ti mismo las decisiones de otros, fomentando la uniformidad de los gustos y las acciones; te colocas una máscara que te permite pertenecer a ciertos grupos y garantizar que serás aceptado y «querido» por otros.

El problema de esta situación es que, al hacerlo, te pierdes a ti mismo; te desconectas del corazón y de tu esencia misma, provocando un gran vacío interior. Al cabo de un tiempo, te darás cuenta de que todo lo generado a través de la máscara no es capaz de llenar el vacío y que no hay nada más doloroso que la ausencia propia. Cuando te pierdes a ti mismo también pierdes el sentido de tu propia existencia.

¿Qué hacer entonces? ¿Cómo salir de esta vorágine social que te sumerge en ocultarte detrás de una máscara? ¿Cómo restablecer el contacto contigo mismo y con tu esencia? Hay algunas acciones que ayudan a ver hacia dentro y a restablecer el vínculo con tu corazón:

- TOMAR CONCIENCIA DE LA PERSONA QUE ERES. Dios te otorgó características ÚNICAS E IRREPETIBLES, de acuerdo con la misión que viniste a cumplir. Tú tienes algo particular que aportar a tu entorno.

- LA VERDADERA RIQUEZA ESTÁ EN LA DIFEREN-CIA. Permítete ser diferente, entiende que al aceptar y honrar lo diferente en ti y en otros, lejos de afectar el entorno, lo enriqueces.
- LOS SENTIMIENTOS SON EL TERMÓMETRO DEL SER. Reconoce y valida tus sentimientos, entiende que cada sentimiento tiene dentro de sí tu verdad, eso que sientes y representa lo que eres.
- ATRÉVETE A HABLAR DESDE TU VERDAD. La sana expresión de lo que sientes y lo que piensas es un reflejo de tu ser interior.
- EN TU IMPERFECCIÓN ESTÁ TU PERFECCIÓN. Entiende que ahí en donde está lo que tú llamas «imperfección» está tu crecimiento personal, tu aprendizaje, tu evolución; ahí está tu contacto más grande con Dios y, por lo tanto, ahí está tu PERFECCIÓN.

Aceptarte, atreverte a ser tú mismo, salir de la máscara, es un acto de valentía. Los ángeles aplaudimos tu autenticidad y te ayudamos a romper el miedo de mostrarte al mundo tal y como eres.

Te amamos y te acompañamos siempre.

Arcángel Uriel

¿QUÉ SIGNIFICA APRENDER A FLUIR?

Queridos míos:

Cuando decimos «fluir», hablamos de mucho más que de dejarse llevar por la corriente; eso sería tanto como ir sin un rumbo definido, dejando que sea el entorno el que determine las circunstancias de la vida y no uno mismo.

Cuando hablamos de fluir, nos referimos a establecer una meta y emprender el camino hacia ese lugar, abriendo los ojos y tomando las oportunidades que se presenten, disfrutando cada paso, aprendiendo y confiando.

Entonces, fluir implica:

- TENER CLARO HACIA DÓNDE TE DIRIGES. Qué es lo que deseas y qué necesitas para lograrlo. Cuando ese lugar al que deseas llegar está alineado con tu más alto bien, el camino simplemente se abrirá para ti.
- CONVERTIRTE EN UN OBSERVADOR DE LAS OPORTUNIDADES. El universo se encarga de satisfacer tus necesidades y de abrir las puertas para que los pequeños objetivos se cumplan. Es tu obligación abrir los ojos y tomar lo que se vaya presentando, con la plena conciencia de que no siempre las oportunidades se ven como tú las esperas.
- DESAPEGO. Aprende que, cuando una situación en particular no se da, es porque no correspondía en ese momento. Acepta las cosas como son; soltar lo que no corresponde y continuar el camino forma parte de fluir.
- DISFRUTAR EL CAMINO. Cada parte del camino es tan importante como el logro mismo del objetivo. Disfrutar cada paso que se da y aprender del camino mismo también es fluir.
- CONFIAR, CONFIAR, CONFIAR. Los ángeles te ayudaremos a llegar a tu destino.

Cuando fluyes, no es que dejes todo en manos de Dios o de nosotros, los ángeles; hay un proceso de cocreación donde tú también eres parte activa.

Cuando seas capaz de observar estos puntos y fluir, verás que tu vida se vuelve más fácil y que entras en un estado de mayor paz y serenidad.

Cuando fluyes, sueltas la ilusión del control y todo el estrés que conlleva el tratar de dominar las circunstancias de tu vida.

Fluye, confiando en que estaremos contigo en el camino, eliminando los obstáculos y haciendo tu caminar más placentero y feliz.

Te amamos y acompañamos siempre.

Arcángel Gabriel

PARTE III

NUEVOS MENSAJES DE LOS ÁNGELES

Canalizados a través de escritura
automática

FLUIR CON LOS CAMBIOS, VIVIR EN EL DESAPEGO

Queridos míos:

Una vez más insistimos en estos dos conceptos, que son básicos para que podáis vivir en armonía y alcanzar esa paz interior que tanto anheláis:

- Fluir con los cambios.
- Vivir en el desapego.

Son frases que pueden parecer muy sencillas, pero que están llenas de significado.

Recordad, hermanos, que la vida no es estática, sino que está en pleno movimiento, y constantemente estáis evolucionando; simplemente tomad como ejemplo el cuerpo humano: el corazón late, la sangre corre, los pulmones respiran, los músculos se estiran y se contraen, hay estímulos eléctricos y los órganos trabajan. Esto hace que un segundo sea total y absolutamente diferente al siguiente. Nunca vuelve a ser exactamente igual. Así sucede con los animales y con las plantas, en fin, con el planeta en general. Como observaréis, esto provoca una constante en la existencia terrenal: el movimiento y, con este, el cambio. Pretender que algo sea completa y absolutamente estático es imposible.

Entonces, si los seres humanos cambian constantemente, las circunstancias también lo hacen; de esta forma podemos afirmar que lo NORMAL es la evolución y el movimiento. Pretender que las circunstancias de la vida no cambien sería ir en contra de la propia naturaleza. Entonces, ¿por qué o para qué aferrarse a nada? ¿Para qué desgastaros intentando evitar lo inevitable? Lo mejor es aprender a fluir con los cambios.

Entender que nada es para siempre, que la vida es como una danza y que hay que aprender a bailar, que habrá momentos de disfrutar y momentos de soltar; momentos de completa compenetración y momentos de individualidad, momentos de armonía y momentos de aparente «caos»... Y también, en algunos momentos, la música cesará y reinará el silencio. Nunca es igual.

Fluir es aceptar que este momento, por muy bueno o malo que sea, también pasará y será sustituido por otro momento, y que la suma de momentos, al final, es lo que nos hace sentir que estamos vivos.

Vivir en el desapego es no aferrarse a nada, a ningún instante, persona o situación; saber que en la medida en que te resistes al cambio natural e inevitable, te encuentras una y otra vez con la frustración y el dolor; y entender que en la medida en que aceptes este flujo de vida te toparás con la alegría de estar y sentirte vivo.

Una vez más esperamos que estas palabras estén llenas de sentido para vosotros y os pedimos que abráis vuestros corazones al amor que nosotros, los ángeles, os ofrecemos.

Os amamos siempre.

Arcángel Gabriel

DE TUS HERIDAS FLORECERÁN TUS DONES

Queridos míos:

Muchos de vosotros os podéis preguntar el porqué de vuestras heridas y de haber vivido ciertas situaciones en vuestra vida. Muchos de vosotros habéis llegado a considerar que la vida, el destino o Dios han sido injustos con vosotros al permitiros vivir una u otra experiencia.

Todos vosotros decidisteis regresar a este plano con la finalidad de que vuestra alma siguiera evolucionando, y ante esto elegisteis afrontar ciertas vivencias, que se convertirían posteriormente en lecciones de las cuales se desprendería un aprendizaje.

Pues bien, es justamente de esas situaciones dolorosas, que tanto os hirieron, de donde vais a obtener los aprendizajes que os llevarán a convertiros en mejores seres humanos y, más adelante, en seres más iluminados.

Muchos de vosotros os quedáis únicamente con el dolor generado por esas heridas, con la idea o la sensación de tener agujeros en el corazón, que fueron creados a partir de las carencias o abusos que sufrísteis. La clave para convertir situaciones tan negativas en un aprendizaje positivo es TRASCENDER EL DOLOR.

¿Cómo se trasciende el dolor? Si bien no existe una «receta» para ello, algunas de las acciones que pueden tomarse son las siguientes:

- INTROSPECCION. Mirar hacia dentro, abrir el corazón, verlo, sentirlo y dejarlo girar otra vez. Atreverse a abrir la caja que contiene la historia, los sentimientos y los recuerdos olvidados.
- Permitir que emerjan los sentimientos escondidos, sentirlos y ponerlos en la superficie para ser sanados.
- Ver de frente la herida y afirmar: «Gracias a esa situación, yo tuve que desarrollar en mí _____ (cualidad). Gracias a que desarrollé _____ (cualidad), logré _____. Hoy esa cualidad me sirve para _____».

Observaréis que, al hacer este tipo de ejercicios de manera consciente, esos agujeros que sentisteis en el corazón se convierten en un campo fértil para que florezcan vuestros dones más bellos, y que al ponerlos al servicio de los demás encontraréis la alegría de servir.

Tened por seguro que os estaremos acompañando también en este proceso.

Os amamos profundamente.

Arcángel Jofiel

ÁBRETE A RECIBIR AYUDA DIVINA DE TUS ÁNGELES

Queridos míos:

Os recordamos, una vez más, que estamos aquí para ayudaros. Somos vuestros compañeros incansables y nuestra misión es ayudaros a que reencontréis vuestra verdadera esencia.

Mientras recordáis quiénes sois (hijos de Dios) y lo aceptáis en vuestro ser, estamos aquí para cumplir con muchas funciones:

- PROTEGEROS DEL MAL EN TODAS SUS FORMAS. Siempre que os sintáis vulnerables ante cualquier tipo de situación, podéis contar con nosotros.

- GUIAROS HACIA LA PLENITUD. Siempre os diremos lo que más os conviene o cuál es el mejor camino que podéis seguir para llegar a ese lugar en el que os vais a sentir más plenos.

- AYUDAROS A ENCONTRAR MOMENTOS DE PAZ INTERIOR. Momentos en los que podréis silenciar la mente y reencontraros con vosotros mismos. Es por eso que estamos dispuestos a ayudaros en vuestras pequeñas y grandes tareas cotidianas, para evitar el estrés y que podáis estar en armonía.

- AYUDAROS A ABRIR EL CORAZÓN Y REGRESAR A VUESTROS VALORES. Haceros ver la importancia de vivir desde el corazón, de mantener la apertura y la felicidad que emana cuando sois conscientes de vuestra capacidad de amar.

- RECORDAROS QUE NO ESTÁIS SOLOS. Que hay un Dios y que nosotros, los ángeles, somos sus mensajeros. Que Dios es más grande que todos y cada uno de vuestros problemas, y que estamos aquí solo para vosotros.

- AMAROS PROFUNDA E INCONDICIONALMENTE. Nosotros os amamos profundamente, no importa quiénes seáis y qué hayáis hecho; no importa si vosotros os amáis a vosotros mismos o si os sentís o no merecedores de este amor. Nosotros os amamos y estamos aquí para demostrároslo a cada momento.

- RECORDAROS VUESTRA NATURALEZA DIVINA. Queremos que sepáis quiénes sois en realidad, que vayáis más allá de vuestros límites y que conozcáis que sois capaces de muchas cosas. Queremos que reconozcáis vuestro propio poder, vuestra gran capacidad de amar, pero sobre todo, queremos que reconozcáis que sois uno con Dios, que Él os hizo a su imagen y semejanza, depositando en cada uno de vosotros esa chispa de amor que forma parte de lo que Él es.

¿Os dais cuenta? Estamos con vosotros día y noche, acompañándoos y amándoos más allá de lo que podéis imaginar.

Solo necesitamos que nos deis permiso para actuar en vuestra vida, pues no podemos hacer nada sin que nos lo pidáis, porque respetamos vuestros procesos de aprendizaje y libre albedrío. Abriros y permitidnos obrar milagros en vuestra vida.

Con todo nuestros respeto y amor incondicional,

Vuestros ángeles

AFRONTANDO LOS CAMBIOS CON EL CORAZÓN ABIERTO

Queridos míos:

Hoy más que nunca es importante que tengáis la intención de abrir vuestro corazón. Estamos viviendo un gran cambio en la humanidad, que podrá ser experimentado de una forma muy bella por aquellos de vosotros que tengáis el corazón abierto y que seais capaces de enfocar vuestra visión desde el centro delpecho.

Aquellas personas que, a pesar de todas las señales y la preparación que les hemos venido dando, deseen seguir viviendo con el corazón cerrado y únicamente desde la razón, les será difícil entender todos los procesos que estarán viviendo y solo verán la parte del cambio, no como el augurio de un mejor tiempo por llegar, sino como el derrocamiento de los sistemas establecidos, con toda la angustia que puede producir la incertidumbre de no saber hacia dónde se dirige la humanidad.

Todos estos cambios no deben representar ningún tipo de amenaza para aquellos de vosotros que ya estéis en conexión plena con la fuente, por medio de un corazón franco y abierto, ya que estos son los sucesos que os van a llevar al nacimiento de una nueva humanidad y a vivir desde los valores superiores, dictados por el amor, la libertad, la comunicación, el respeto, la conexión con lo divino y, sobre todo, desde la conciencia de que dentro de cada uno de vosotros hay un SER DE LUZ. Este ser es capaz de vibrar en la frecuencia de amor más alta, que es divinidad pura al igual que la fuente, con un poder infinito, creador único y absoluto de su propia existencia.

Ahora bien, en estos tiempos de cambio o transición deberéis tener en cuenta varios factores:

- EXPANSIÓN DESDE EL CORAZÓN. Mantener el corazón abierto y expandido todo el tiempo, que todas y cada una de vuestras acciones sean llevadas a cabo desde el amor.

- PODER CREATIVO. Tenéis el poder intrínseco de manifestar vuestra realidad a cada momento (cuanto más os acerquéis a esta transformación, más fácil os resultará cocrear vuestra realidad a través de vuestros pensamientos).

- CONFIANZA. Recordad confiar en la grandeza de Dios y también EN VUESTRA PROPIA GRANDEZA.

- FE Y ESPERANZA. Todo lo que suceda contiene una gran bendición implícita: el nacimiento de una nueva era, la ERA DEL AMOR DE DIOS.

Como veis, hermanos, estos tiempos de cambio estarán llenos de luz, alegría, amor y bendiciones para todos vosotros que hayáis encontrado en vuestros corazones la plenitud que solo puede ser alcanzada a través del amor de Dios.

Os amamos y os acompañamos.

Arcángel Uriel

LA LUZ SIEMPRE DISUELVE LA OSCURIDAD

Queridos míos:

Una vez más os recordamos que tenéis que soltar el miedo y vibrar en el amor.

En los últimos años, cada uno de vosotros ha vivido situaciones que han cambiado su vida, que le han hecho sentir que sus cimientos personales se agitaban, y quizá algunos aspectos de su vida se desmoronaron para reconstruirse desde una nueva óptica. Como consecuencia, muchos de vosotros habéis emprendido un viaje hacia el interior, observando y sanando vuestras heridas más profundas. Habéis entendido que no estáis solos y que los ángeles, los arcángeles, los maestros ascendidos, los seres de luz y Dios estamos siempre acompañándoos, ayudándoos, guiándoos y amándoos; habéis aprendido que el valor más importante que existe es EL AMOR, en todas y cada una de sus formas, y que cuando sois capaces de vibrar en el amor sois capaces de sentir la presencia de Dios en vuestro interior y de entrar en contacto con vuestra propia divinidad.

Ante la inminente expansión del ser superior (en todas sus formas posibles), el ego reacciona, esperando con esto detener el crecimiento y la evolución del ser.

Es muy posible que, cuando estás a punto de dar un salto cuántico en tu crecimiento espiritual, te sientas como si hubieras retrocedido en el tiempo, que situaciones que creías superadas vuelvan a surgir y que sentimientos oscuros como sentirte inadecuado, la soledad, la vergüenza, la ira, el enfado o el miedo resurjan en ti con fuerza. Es posible que sientas que te encoges energéticamente y que te sientas desesperanzado, como si en lugar de ir hacia delante estuvieras retrocediendo. Es importante que estés alerta y que, si llegas a sentirte de esta manera, tengas la conciencia de que es tu ego, que al sentirse amenazado, está tratando de empujarte a un estado de negatividad, generando que te olvides de quién eres en realidad y de todo el camino que has recorrido para llegar hasta aquí.

Hay cinco realidades que debes tener muy presente en cualquier situación y que deben ser una guía en tu vida:

1. LA DIVINIDAD VIVE EN TI. Dios está en todas partes, en cada partícula del universo. También está en ti y eso te hace perfecto, te hace fuerte y poderoso. Cuando reconoces a Dios dentro de ti es cuando entras en contacto con tu ser superior y te engrandeces.

2. ERES CREADOR DE MILAGROS Y TU PROPIA VIDA ES TU MILAGRO. Tú eres el creador de tu vida, tú eres el que escribe la historia, el que pinta el lienzo. Tienes ese poder y siempre puedes borrar y empezar de nuevo.

3. ESTÁS SIEMPRE ACOMPAÑADO Y ASISTIDO. Los ángeles, los arcángeles y los maestros ascendidos te acompañamos y estamos asistiéndote a cada instante del camino; solo tienes que abrirte a nuestra presencia.

4. EL UNIVERSO ENTERO RESIDE DENTRO DE TI. Guarda silencio, cierra tus ojos y deja que se desarrolle.

5. EL AMOR ES TU MAS PROFUNDA ESENCIA. Es en el amor y por amor por lo que fuiste creado. Tu esencia, tu aprendizaje y tu misión en esta vida tienen que ver con dar y recibir amor; ahí también reside tu felicidad.

6. ERES LUZ Y LA LUZ SIEMPRE DISUELVE LA OS-
CURIDAD.

Recuerda siempre que estamos a tu lado y que te acompañamos
hoy y siempre.

En el amor y la luz.

Arcángel Miguel

BIENVENIDOS A UNA NUEVA ERA

Seáis todos bienvenidos a esta nueva era.

Cada uno de vosotros ha llegado hasta aquí con la intención
de reencontrarse con Dios, consigo mismo y con su esencia. Cada
uno de vosotros traía una pesada carga a sus espaldas, pero ha
soltado todo lo que no necesitaba. Cada uno de vosotros ha aprendido, ha crecido, ha evolucionado. Hoy estáis aquí, en esta nueva
realidad, en esta nueva era, la era del amor, de la expansión y de
la luz.

¡Bienvenidos a casa!

¿Como será vivir en esta nueva realidad? Cada uno de vosotros
lo irá descubriendo a su ritmo. Aunque es difícil explicarlo en palabras, porque los hechos superaran a la palabra hablada, os diremos a
grandes rasgos qué es lo que podéis esperar.

Al principio muchos de vosotros os negaréis a despertar y con-
tinuaréis divididos entre dos realidades, sin embargo, lo que ahora
será diferente es que aquellos de vosotros que hayáis cruzado el
umbral hacia la nueva realidad no volveréis a regresar a la anterior.
Antes os debatíais entre el ser superior y el ego, pero aquellos que
han sido capaces de abrir el corazón y de conectarse plenamente con

su ser superior es casi imposible que regresen a los estados del ego; nunca volverán a empequeñecerse, a ver al mundo con los ojos del ego.

Cada vez serán más los que vayan cruzando este umbral y despertando. Se sorprenderán al ver cómo cada vez serán más los que van abriendo el corazón y expandiéndose, y para ellos será más sencillo vivir en este nuevo mundo, ya que se sentirán más comprendidos y amados por las personas que están a su alrededor. Sentirán sus corazones abiertos, expandidos, y será mucho más fácil expresar sus sentimientos, y el amor que sienten en sus corazones será mucho más fácil vincularlo con el amor de otros corazones.

Tomaréis conciencia de que cada uno de vosotros es creador de su realidad, dueño de su vida, y que puede hacer su vida de la mejor manera. Sabréis que ninguno de vosotros está determinado por sus circunstancias y que cada uno puede caminar hacia donde mejor le parezca, hacia donde su ser superior, su alma y su espíritu estén mejor.

En esta nueva realidad, todos están conectados con Dios. Todos practican su espiritualidad, todos saben que hay muchos caminos para llegar a Dios y todos respetan el camino de los demás. Todos saben que cada uno de estos caminos, cada una de estas conexiones, es única e irrepetible y que nadie tiene la verdad absoluta. Cada uno de vosotros tiene su propia verdad y su propia pieza del rompecabezas para armar la realidad. Con esta conciencia os respetáis unos a otros y sabéis que si el camino de uno es diferente al camino del otro está bien, y que no debéis juzgaros unos a otros por este hecho.

En esta nueva realidad, sois conscientes de que estáis interconectados, de que todos sois uno, de que lo que afecta a uno, afecta a todos, y por ello buscáis realizar acciones que, al beneficiar a uno, beneficien a todos.

En esta nueva realidad, cada uno de vosotros tiene conciencia de su propia divinidad y de su grandeza, cada uno de vosotros sabe que es importante para la humanidad, sabe que tiene el corazón lleno de talentos y de dones que son importantes para todos aquellos que lo rodean... Cada uno de vosotros sabe que tiene algo que aportar a los demás y, por lo tanto, lo valora.

En esta nueva realidad, todos estáis cerca de la plenitud, todos vivís en la plenitud y os permitís vivir en ella, la compartís, la expresáis, la disfrutáis.

En esta nueva realidad, el sentimiento que predomina es el amor: el amor a Dios, a la Tierra, a los hombres y a la existencia.

Abrid vuestro corazón, respirad profundamente y dad la bienvenida a esta nueva realidad.

Os amamos siempre.

Vuestros ángeles y arcángeles

ENCONTRAR EL CONSUELO EN EL CORAZÓN DESPUÉS DE UNA PÉRDIDA

Queridos míos:

Somos conscientes de lo doloroso que resulta para muchos de vosotros perder a un ser querido con el que os sentíais profundamente unidos y que ha dejado en vuestra vida un vacío que es imposible de volver a llenar. Con el fallecimiento de una persona cercana aparecen una serie de sentimientos que deben ser expresados y, como siempre, canalizados de una manera positiva.

Desde vuestra perspectiva humana, el hecho de «perder» a un ser querido puede generar sentimientos de tristeza, enfado, rabia, incertidumbre o desconcierto. Todos ellos se generan a partir del apego y la resistencia al cambio y no deben ser juzgados o reprimidos; simplemente hay que experimentarlos y permitir que fluyan con la conciencia de que son parte del proceso de duelo.

Os recuerdo que la muerte es el regreso a casa, a la fuente, tras haber vivido en este planeta aprendiendo y compartiendo lo aprendido, evolucionando como almas, siendo cada vez seres más elevados. La muerte es la separación del cuerpo físico que sirvió como vehículo al alma. Es la transformación, la liberación del alma que prevalece aun después de la muerte.

Sin embargo, quienes despiden a un familiar pueden vivirlo de manera diferente. Aunque el dolor de perder a su ser querido estará siempre presente, ese dolor puede vivirse a través del sufrimiento, del apego y de la desesperanza, o bien desde la conciencia de que ese ser, amado profundamente por ti, ha trascendido y ahora está en el hogar cerca de Dios, rodeado de ángeles y seres de luz que lo acompañan. Por la misma razón, puedes elegir vivir este dolor con la conciencia de que el duelo es un proceso, un camino que se recorre como una forma de honrar y de despedirse de aquellos que amamos, y con la fe de que os reencontraréis como almas.

Con esto, querido mío, no te digo que no vayas a extrañar a ese ser que tanto amabas, o que no te vaya a doler su partida, sino que en el fondo de tu corazón encontrarás el consuelo que tanto anhelas.

Te invito a que, cada vez que extrañes a ese ser querido, crees en tu corazón una burbuja de luz y la llenes con todo aquello que te gustaría expresarle a tu familiar. Después, con una exhalación, envía esa burbuja hacia el alma de la persona que tanto amas, con la seguridad de que será recibida por su alma.

Recuerda que nosotros, tus ángeles, siempre te acompañamos, buscando aligerar la pesada carga que este proceso significa para ti. Te abrazamos, te consolamos y te susurramos lo mucho que te amamos a cada momento. Solo ábrete a recibir todo nuestro amor y consuelo.

En el amor más profundo y la compasión,

Arcángel Azrael

SURFEANDO LOS PROBLEMAS CON DIOS

Querido mío:

A veces puedes sentir que la vida te sobrepasa, que los problemas que tienes o los retos que afrontas son más grandes de lo que eres capaz de manejar. Puedes ver los problemas como una gran ola que va a engullirte y hacerte imposible seguir adelante con tu vida. Ante estos grandes retos puedes sentirte pequeño e incapaz, con un miedo que puede resultar paralizante.

Pues bien, si alguna vez te sientes así, hay varias cosas que necesitas recordar:

- NUNCA ESTÁS SOLO. Siempre estamos a tu lado y dispuestos a ayudarte para superar cualquier obstáculo, sin importr lo difícil que pueda parecer la situación; tan solo tienes que pedirlo.

- LOS RETOS ESTÁN ALINEADOS CON TUS CAPACIDADES. Los retos que la vida, el universo, Dios y los ángeles te ponemos enfrente son aquellos que tienes la capacidad de afrontar, aquellos que van a ayudarte a crecer como ser humano y hacer que saques de tu interior talentos, habilidades y fortalezas que ni siquiera conocías. Estos retos son aquellos que, cuando los hayas superado, te harán consciente de lo grande que ya eres.

- DIOS ES SIEMPRE TU VEHÍCULO Y PRINCIPAL SUSTENTO. Imagina que, para superar esta gran ola, Dios te da una tabla de surf y ¡SURFEA CONTIGO!

Recuerda siempre que tu actitud, tus pensamientos y tus sentimientos determinarán tu perspectiva de la vida y, por lo tanto, de las situaciones que afrontas. Procura mantener tu mente en positivo, siempre esperando lo mejor de cada situación, y esfuérzate por mantener en tu corazón la CONFIANZA de que lograrás vencer cada obstáculo que se presente.

Eres nuestro mayor guerrero y estamos aquí para acompañarte. Con todo nuestro amor,

Arcángel Miguel

CRECIENDO A TRAVÉS DE TUS CIRCUNSTANCIAS

Queridos niños de Dios:

Es importante que aprendáis a reconocer las situaciones que se os presentan para vuestro crecimiento personal y espiritual. Durante años, os han enseñado a catalogar las circunstancias de vuestra vida como «buenas» y «malas». Si os sucede algo que os beneficia de manera inmediata, lo catalogáis como bueno, mientras que si os veis perjudicados, inmediatamente lo etiquetáis como una mala experiencia.

Lo que los ángeles queremos enseñaros hoy es que, en realidad, no hay nada «bueno» ni «malo». Hay experiencias que pueden ser vistas por vosotros como malas y que encierran un sinfín de oportunidades de crecimiento.

Estas situaciones no se os envían como pruebas, karmas o castigos por vuestras acciones, sino que fueron creadas en su mayoría por vuestra alma o ser superior para obtener de ellas el aprendizaje que necesitáis para la evolución de vuestro espíritu. Siendo así, por muy mala que parezca una situación, solamente será mala si os quedáis paralizados ante ella, si os permitís ser sometidos por ella o la utilizáis como un pretexto para victimizaros y limitar vuestro crecimiento.

Por eso, cuando os encontréis ante situaciones que os resulten incómodas u os generen dolor o sufrimiento, haceros las siguientes preguntas:

¿Qué tengo que aprender de esta situación y qué enseñanzas profundas me deja? ¿Por qué esta persona o situación se convierte en mi maestro espiritual?

¿Qué habilidad, talento o don estoy desarrollando a partir de esta situación? Quizá esta circunstancia en particular exija que sea más fuerte, más compasivo, más tolerante o más cauteloso. ¿Por qué esta situación me obliga a crecer como persona?

¿Qué necesito hacer o cambiar en mi vida para salir airoso de esta situación? Quizá implique actuar de una forma diferente, desarrollar ciertos talentos, poner límites, aprender a respetarme más a mí mismo, etcétera.

En ocasiones, la situación no desaparece del todo o se presenta varias veces (incluso en circunstancias o con personas diferentes) porque la lección no ha sido aprendida o porque todavía hay nuevas facetas que descubrir.

Lo más importante es que aprendáis a observar las bendiciones que siempre se encuentran escondidas tras todas estas experiencias.

No dudéis en pedir nuestra ayuda; estaremos atentos para ayudaros a aprender, a desarrollaros y a fomentar vuestro crecimiento espiritual.

Os amamos y siempre os acompañamos.

Arcángel Uriel

ABRIENDO ESPACIO EN TU VIDA AL AMOR INCONDICIONAL

Querido mío:

¡Qué difícil te parece el proceso que estás viviendo! Te vemos en algunos momentos cansado, pensando que ya no puedes más o que ya no está en tus manos dar o hacer más por los demás. En otros, te vemos contactando con sentimientos como el enfado, el dolor, el miedo o la tristeza, que ponen de manifiesto tu más profunda humanidad.

Antes que nada te queremos pedir que hagas un alto, que te detengas y respires muy profundo y que nos dejes mostrarte a través de este mensaje el objetivo del proceso que estás viviendo. La única razón de todo lo que estás experimentando es aprender la mayor lección: vivir en el amor incondicional. Cuando hablamos de «amor incondicional» estamos hablando de un amor puro que no tiene mayor intención que la de amar. Sabemos la complejidad que tiene este concepto en vuestras mentes humanas, aunque también sabemos que para vuestras almas resulta conocido.

¿Qué es entonces el amor incondicional? El amor incondicional es ese amor que solo existe, sin esperar nada del otro, que sale de tu corazón y se comparte. El amor incondicional no puede salir de un corazón pequeño o cerrado ni tampoco se fuerza, simplemente surge; no se condiciona, simplemente se comparte; no se limita, simplemente está y es total y absolutamente ilimitado.

El amor incondicional no se puede dirigir solamente a una persona o a una situación, sino que está y surge para todo y para todos. El amor incondicional es esa luz que surge de tu corazón, que te hace ver a los otros de manera compasiva, entender sus procesos y abrir espacio en tu vida para ser testigo de los procesos de otros, acompañándolos. El amor incondicional es brindar apoyo sin cargar; es acompañar sin caminar los pasos del otro; es estar al SERVICIO de otros, no desde el deber ni desde lo que se espera de ti (o lo que tú mismo, desde tu autoexigencia, esperas hacer), sino desde la alegría de estar, de servir y de amar. EL AMOR INCONDICIONAL SIMPLEMENTE AMA.

¿Cómo lograr el amor incondicional desde la condición humana? El amor incondicional no se construye, no se crea, no se fabrica. El amor incondicional ya existe en ti, en lo más profundo de tu corazón, en las profundidades de tu alma. No se trata de crear el amor incondicional, sino de acceder a él. Es como si necesitaras sacar algo que sabes que existe, pero que escondiste en el fondo de un armario. Para poder acceder al amor incondicional necesitas sacar todo lo que lo está ocultando, todo lo que no permite que brille en su esplendor. Eso, mi niño hermoso, desde tu condición humana te resulta a veces doloroso de entender. Al vivir este proceso, es posible que vuelvas a vivir recuerdos y heridas del pasado, cosas que quizá guardaste en el armario pensando que jamás volverías a tocarlas. Se tiene que hacer revisión de cada una de estas reliquias y entender que algunas ya no son vigentes y otras aún necesitan algún trabajo de sanación antes de ser desechadas. Solamente al limpiar ese armario que es tu corazón podrás ver los destellos del amor incondicional.

Entonces parecería que, cada vez que tu corazón se expande en aras de hacer espacio al amor incondicional, la apertura se hace más profunda; se tocan sentimientos, recuerdos, ideas, conceptos, expectativas, y algunos de ellos resultan muy dolorosos. Respira y, cada vez que lo necesites, llora. Recuerda que las lágrimas bañan el corazón y ayudan a limpiarlo.

Por otro lado, te está siendo difícil conectarte con los demás, como si cuanto más profundo fueras, más aislado te sintieras; quizá buscas fuera un eco a esto que te está sucediendo y no lo estás encontrando, lo que te hace sentir solo y también te duele. Mi niño hermoso, debes saber que esto es solamente parte del proceso, que estos sentimientos que estás afrontando ya existían en tu corazón y lo único que está pasando es que se están poniendo de manifiesto para ser sanados desde su origen más profundo. ¿Cómo vas a sanar estos sentimientos? Recordando y poniendo en práctica tu conexión más fuerte y sublime: tu conexión con lo divino. Recordando quién eres y para qué estás aquí; accediendo a las memorias más profundas de tu alma, dejando de buscar auera lo que ya está dentro.

¿Para qué vivir todo este proceso? Cuando logres ver el brillo que ya existe en ti, toda esa luz que ahora está oculta por los recuerdos dolorosos, podrás verte COMPLETAMENTE, VERÁS TU ESENCIA, TU BELLEZA MÁS SUBLIME, TU DIVINIDAD Y TU PROFUNDA CONEXIÓN CON EL QUE LO ES TODO, CON LA FUENTE. VERÁS TU PROPIA GRANDEZA Y, EN ESE MOMENTO, ENCONTRARÁS TUS ALAS.

¿Te das cuenta de la complejidad de lo que estás viviendo? ¿Cómo hacerlo más fácil?

- CONFÍA. Lo primero que te pedimos es que confíes. Eres una obra maestra en las manos del mayor ARTISTA que existe. Te están esculpiendo a mano, pero debes saber que cada cincelada va cargada del amor más profundo que pueda existir.

- FLUYE. En la medida en que te resistas, en que vayas a contracorriente, será más doloroso el proceso. Fluye, déjate llevar, sabiendo que estás siendo acompañado y guiado por Dios y los ángeles.

- SUELTA. Deja ir todo aquello queno sientas como verdadero, que no sientas que está en armonía contigo y con el proceso que estás experimentando.

- HÓNRATE. Hazte cargo de ti, de tus sentimientosy de tus necesidades, y valida cada paso que das en este proceso. Reconoce tu propia grandeza y luminosidad.

- RECUERDA QUE NO ESTÁS SOLO. Estamos contigo, acompañándote, sosteniéndote, guiándote, consolándote y ayudándote a abrir tus alas, a encontrar y expandir esa hermosa luz que ya existe en tu corazón.

- OBSERVA. Conforme vas avanzando en el proceso, van apareciendo más bendiciones en tu vida.

Hoy, más que nunca, recuerda que te amamos incondicionalmente y valoramos y aplaudimos tu paso por la experiencia humana.
Te acompañamos siempre.

Arcángel Chamuel

LA FAMILIA, FUENTE DE AMOR Y DE CRECIMIENTo

Querido hermano:

Después de la relación con Dios y con uno mismo, la familia es la relación básica de crecimiento, la mayor fuente de amor que tiene el hombre. De ahí la importancia de lo que comentaremos a continuación:

Antes de venir a este plano, tú escogiste la familia en la que ibas a nacer; escogiste a tus padres, hermanos y familiares cercanos. Sabemos que muchos de vosotros estaréis pensando en lo que habéis vivido con vuestras familias y que no existe forma de que lo hayáis escogido. Recordaréis a aquellos familiares que os hirieron, que están lejos o con quienes no mantenéis una buena relación, y podréis decir que no es posible que vosotros hayáis escogido algo así.

Pues bien, debes saber que todas y cada una de tus relaciones son parte de una red que compone tu crecimiento. Cada una de tus relaciones y cada situación de amor, felicidad, encuentro, desencuentro, abandono, abuso, abundancia, carencia, cercanía o lejanía fue creada por tu alma con la finalidad de lograr un crecimiento aún mayor. Entonces, cada situación que se presenta en el núcleo de la familia, por muy sencilla o complicada que parezca, es un escalón hacia arriba en la evolución de tu alma.

Para que estas situaciones, que en ocasiones implican dolor, se conviertan en crecimiento, es necesario:

- Cambiar la perspectiva. Observar la situación desde una perspectiva más elevada que te permita salir de la escena, convertirte en observador externo.
- Ser consciente y honesto sobre rol que jugaste o has estado jugando.

- Hacer un recuento de las habilidades, talentos, fortalezas o valores que has tenido que desarrollar para hacer frente a la situación
- Darte cuenta de lo que aprendiste a partir de la situación.

Verás que al hacer esto sucederán muchas cosas: dejarás de pelear, ya que verás que tu victimario es tu gran maestro; será mucho más fácil perdonar y ver con compasión al otro y en algunas ocasiones, cuando entres en contacto con tu ser superior, podrás agradecer al otro el haber puesto frente a ti todas estas situaciones que te llevaron a desarrollar ciertas aptitudes y a conseguir el aprendizaje.

De esta manera, reconoce a tus padres, a tus hermanos y a tus familiares directos como tus compañeros de viaje, tus grandes maestros, tu fuente de aprendizaje profundo que te permite avanzar cada vez más en tu espiritualidad. Recuerda que todo, incluyendo a tu familia, está en el orden divino, y que siempre te estamos acompañando.

Te amamos y estamos contigo hoy y siempre.

Arcángel Raguel

¡TUS ÁNGELES SIEMPRE TE AYUDAMOS!

Respira... A veces, a pesar de que nos pides ayuda, las cosas no resultan como tú esperabas. Casi siempre tu primera reacción es decepcionarte o pensar que nosotros, tus ángeles, no tenemos oídos para ti.

Respira y ¡CONFÍA! Te recordamos una vez más que siempre estaremos ahí para ti, y que siempre que coloques tus asuntos en nuestras manos buscaremos el mayor bien para ti y para todos los involucrados.

Te recordamos que nuestra perspectiva de la realidad siempre es más elevada que la que tenéis los seres humanos, por lo que a veces podemos diferir en cuanto a cuál es la mejor forma de solucionar tus asuntos. Así que la próxima vez que las cosas no surjan como esperabas, antes de frustrarte o enfadarte, haz una pausa, respira y espera. Observa las bendiciones escondidas; quizá sea una solución totalmente diferente que te garantizará mejores resultados o quizá sea un aprendizaje que se traducirá en un mayor crecimiento para tu espíritu.

Es por eso que te pedimos, una vez más, que CONFÍES, que recuerdes que somos tus ángeles y que nuestra única función es procurar siempre tu bien más elevado, que estamos aquí para ayudarte en tu paso por la vida, para hacerla más fácil, más placentera y para que puedas lograr la plenitud y felicidad que tanto anhela tu corazón.

Te amamos hoy y siempre.

Arcángel Sandalfón

CONVIERTE TUS PROBLEMAS EN BENDICIONES

Queridos niños de Dios:

Estamos siempre con vosotros, acompañándoos y asistiéndoos cuando nos lo pedís.

Desde nuestra perspectiva, vemos cómo os frustráis y enfadáis con facilidad, cómo os desilusionáis u os entristecéis porque no podéis cambiar las circunstancias a las que os enfrentáis. Nos pedís una y mil veces que os ayudemos a cambiar vuestra situación, sin querer entender el porqué o el para qué estáis viviendo esa situación en particular.

Os recordamos que todo aquello que experimentáis en vuestra vida humana forma parte de vuestra lección, parte de lo que cada uno de vosotros viene a aprender para seguir evolucionando como almas. Inclusive esas situaciones problemáticas son, en realidad, situaciones maestras, que lejos de estar aquí como un castigo o un karma lo están como una bendición, una experiencia que os permitirá aprender una lección valiosa, que os llevará a desarrollar habilidades, valores y talentos que, de otra forma, no hubierais encontrado y que, seguramente, en otros momentos podréis compartir con los demás.

De tal manera que, lejos de quejaros de la situación, evitarla, ignorarla o maldecirla, os invitamos a que os quitéis la venda de los ojos, la veáis de frente y os preguntéis a vosotros mismos qué tenéis que aprender de ella.

Cuando seáis capaces de contestar estas preguntas, os daréis cuenta de que cada uno de vuestros «problemas» está también cargado de bendiciones.

Os recordamos una vez más que estamos aquí para ayudaros en cualquier circunstancia, no solamente para salir de vuestros «problemas», sino para aprender de ellos, ¡convirtiéndolos en bendiciones!

Te amamos y te acompañamos siempre.

Arcángel Zadquiel

EL AMOR YA EXISTE DENTRO DE TI

Querido mío:

Una vez más queremos que sepas que estamos contigo y que el amor que sentimos por ti es infinito.

Hoy queremos hablarte justamente del amor, de la forma en que lo vives y el significado que tiene para ti.

El amor que hay en tu corazón es único, hermoso y vibrante, como si fuera un diamante que emana resplandor. Sin embargo, este resplandor a veces se opaca y se apaga, como si desapareciera o no hubiera suficiente. Cuando esto sucede entras en un proceso de ansiedad y buscas desesperadamente en tu entorno a «alguien» que con su amor vuelva a encender esa chispa en tu corazón. ¿Qué pasa? Exiges al entorno que te ame, pues necesitas sentirte amado y buscas ese amor en el exterior.

Pues bien, hoy queremos recordarte que ese amor tan luminoso ya existe en tu interior y no necesitas salir a buscarlo. Y que cuando sientas que tu pecho está vacío o no puedas entrar en contacto con esta luz interna, no tiene nada que ver con estar recibiendo poco o mucho del exterior, sino con estar sintiendo MIEDO.

Tu chakra del corazón, al igual que todo tu sistema energético, se expande ante el amor y la confianza y se encoge ante el miedo. Cuando tu chakra se contrae, genera la sensación de vacío interno.

La próxima vez que sientas ese vacío en tu pecho y que no puedes acceder a la luz que emana de tu corazón, pregúntate a ti mismo: ¿a qué tengo miedo? Las respuestas pueden ser muy variadas, pues muchos de vosotros tenéis miedo a no ser amados, a estar solos, a no ser merecedores de recibir amor, a perder a vuestros seres queridos, a no encontrar a alguien con quien compartir la vida…

Una vez que tengas identificados tus miedos, cierra los ojos y pon estos miedos en tus manos, permítenos ayudarte a vencerlos, déjanos limpiar tu corazón de todo eso que lo empaña y volver a expandir esa luz divina que ya está en tu corazón. Permítenos sanar tus heridas y recordarte que no estás solo, que nunca lo has estado, y que en este momento ya eres amado profundamente.

Te recordamos que todo ese miedo que a veces sientes y el dolor que te genera no son más que una ilusión; la ilusión de estar separado de la fuente de amor incondicional. Permítenos mostrarte que el amor de Dios ya vive en ti y que siendo quien eres ya eres ¡MERECEDOR DE ESTE AMOR!

Te amamos y te acompañamos siempre.

Arcángel Chamuel

¡AFÍRMATE EN TU DIVINIDAD Y VUELA AÚN MÁS ALTo!

Queridos míos:

Todos aquellos de vosotros que estáis vibrando en la luz y vivís en la conciencia habéis pasado por un periodo de transición. Muchos habéis vivido cambios, pérdidas, separaciones, crisis, entre muchas otras cosas. Se podría decir que cada uno ha tenido su propio terremoto, en el que viejas estructuras tuvieron que ser derrumbadas para sembrar lo nuevo en terreno fértil.

Algunos de vosotros habéis pasado por situaciones difíciles en las que tuvísteis la opción de vivir en el miedo, el drama, la soledad y la angustia. Sin embargo, vimos con felicidad que muchos de vosotros, a pesar de estas situaciones, decidísteis vivir en el amor, reconociéndoos como hijos de Dios y confiando en cada uno de vuestros procesos, incluso sin entenderlos del todo.

Pues bien, la única forma de salir de esta transición en forma de vorágine ascendente es a través de la fe. Esta FE de la que os estamos hablando va mucho más allá de lo que vosotros entendéis por «fe».

Hasta ahora habíais tenido fe en un Dios omnipresente y todopoderoso, sin embargo, este concepto de Dios resultaba lejano para muchos de vosotros, y a lo largo de este despertar habéis aprendido que este Dios maravilloso, omnipresente, todopoderoso, luminoso y eterno, está en cada partícula del universo. Habéis aprendido que este Dios está vivo en cada uno de vuestros corazones, cada vez que palpitáis y respiráis. Habéis aprendido a ver a este Dios en los ojos del otro. Esta nueva fe es la fe en un DIOS PRESENTE, presente también en cada uno de vosotros.

Entonces, cuando os llenáis de fe es momento de lograr el profundo reconocimiento de la divinidad en vuestro interior, de reconoceros como parte de esta luz tan inmensa que es Dios, de reconocer que Él no solamente renace, sino que crece y se expande a través de vosotros, cuando lo decidís en cada una de vuestras acciones. Es momento de reconocer, de creer, de saber que Dios vive en vosotros y vosotros en Él, y que es la luz de Dios la que os hace fuertes cada día, la que os ayuda a dar un paso más allá, la que os impulsa a lograr vuestras metas e ideales más altos, la que os ayuda a vencer los mayores obstáculos y os lleva de la mano a lograr vuestros sueños.

Es momento de reconocerse rey, HIJO DE DIOS, luminoso y merecedor. De reconocer que Dios os hizo a su imagen y semejanza; únicos, irrepetibles y perfectos para los aprendizajes y la misión que venís a vivir en la Tierra, siempre bellos a sus ojos divinos y profundamente poderosos desde el amor. De reconocer su naturaleza divina y aceptar de una vez por todas que dentro de vosotros también reina la divinidad.

Es momento de volar todavía más alto, de ir más lejos, de crear una realidad mucho más plena y sublime. Es momento de confiar, DE TENER FE, pues la magia ya está sucediendo.

Como siempre, os recordamos que nunca estáis solos, que volaremos con vosotros tan alto como queráis, siempre protegiéndoos, cuidándoos y guiándoos, pero sobre todo llenando vuestros corazones de AMOR INCONDICIONAL.

OS AMAMOS Y ACOMPAÑAMOS SIEMPRE.

Arcángel Miguel